GRAMMAR STUDY WITH 1001 SENTENCES
FOR ELEMENTARY ENGLISH LEARNERS

CEDU 쎄듀는 A **C**omprehensive **E**nglish e**DU**cation(종합적 영어교육)의 약자입니다.

펴낸이	김기훈 · 김진희
펴낸곳	(주)쎄듀 / 서울시 강남구 논현로 305 (역삼동)
발행일	2017년 2월 28일 초판 1쇄
내용문의	www.cedubook.com
구입문의	콘텐츠 마케팅 사업본부
	Tel. 02-6241-2007
	Fax. 02-2058-0209
등록번호	제 22-2472호
ISBN	978-89-6806-089-2

세이펜과
초등코치 천일문 Grammar의 만남!

✦ ✦ ✦

〈초등코치 천일문 Grammar〉는 세이펜이 적용된 도서입니다.
세이펜을 영어에 가져다 대기만 하면 원어민이 들려주는
생생한 영어 발음과 억양을 바로 확인할 수 있습니다.

초등코치 천일문 시리즈
with 세이펜

원어민 음성을 실시간 반복학습	선생님 설명 듣기로 혼자서도 쉽게 학습	연습문제 실시간 정답 확인 및 한글 해석 듣기 가능

초등코치 천일문 시리즈 Sentence 1권~5권, Grammar 1권~3권, Voca&Story 1권~2권 모두
세이펜을 활용하여 원어민 MP3 음성 재생 서비스를 이용할 수 있습니다.
(책 앞면 하단에 세이펜 로고 SAYPEN TV가 있습니다.)

세이펜 핀파일 다운로드 안내

STEP ① 세이펜과 컴퓨터를 USB 케이블로 연결하세요.

STEP ② 쎄듀북 홈페이지(www.cedubook.com)에 접속 후, 학습자료실 메뉴에서 학습할 교재를 찾아 이동합니다.

> 초·중등교재 ▶ 문법 ▶ 학습교재 클릭 ▶ 세이펜 핀파일 자료 클릭
> ▶ 다운로드 (저장을 '다른 이름으로 저장'으로 변경하여 저장소를 USB로 변경) ▶ 완료

STEP ③ 음원 다운로드가 완료되면 세이펜과 컴퓨터의 USB 케이블을 분리하세요.

STEP ④ 세이펜을 분리하면 "시스템을 초기화 중입니다. 잠시만 기다려 주세요" 라는 멘트가 나옵니다.

STEP ⑤ 멘트 종료 후 세이펜을 〈초등코치 천일문 Grammar〉 표지의 제목 부분에 대보세요.
효과음이 나온 후 바로 학습을 시작할 수 있습니다.

참고사항

◆ 세이펜에서 제작된 모든 기종(기존에 보유하고 계신 기종도 호환 가능)으로 사용이 가능합니다.

　단, Sentence 교재의 Role-Play 기능은 레인보우 SBS-1000 기종에서만 구동됩니다. (신규 구매자는 SBS-1000 이후 모델의 구매를 권장합니다.)

◆ 모든 기종은 세이펜에서 권장하는 최신 펌웨어 업데이트를 진행해 주시기 바랍니다. 업데이트는 세이펜 홈페이지(www.saypen.com)에서 가능합니다.

◆ 초등코치 천일문 시리즈의 핀파일은 쎄듀북 홈페이지(www.cedubook.com)와 세이펜 홈페이지(www.saypen.com)에서 모두 다운로드 가능합니다.

◆ 세이펜을 이용하지 않는 학습자는 쎄듀북 홈페이지 부가학습자료, 교재 내 QR코드 이미지 등을 활용하여 원어민 음성으로 학습하실 수 있습니다.

◆ 기타 문의사항은 www.cedubook.com / 02-3272-4766으로 연락 바랍니다.

초등코치

천일문
grammar

◆ ◆ ◆

3

저자

김기훈   現 ㈜ 쎄듀 대표이사
現 메가스터디 영어영역 대표강사
前 서울특별시 교육청 외국어 교육정책자문위원회 위원

저서   천일문 / 천일문 Training Book / 천일문 GRAMMAR / 초등코치 천일문
어법끝 / 어휘끝 / 첫단추 / 쎈쓰업 / 파워업 / 빈칸백서 / 오답백서
쎄듀 본영어 / 문법의 골든룰 101 / ALL씀 서술형 / 수능실감
거침없이 Writing / Grammar Q / Reading Q / Listening Q
왓츠 그래머 / 왓츠 리딩 / 패턴으로 말하는 초등 필수 영단어 등

쎄듀 영어교육연구센터

쎄듀 영어교육센터는 영어 콘텐츠에 대한 전문지식과 경험을 바탕으로
최고의 교육 콘텐츠를 만들고자 최선의 노력을 다하는 전문가 집단입니다.

인지영 책임연구원 · **장혜승** 선임연구원

마케팅	콘텐츠 마케팅 사업본부
영업	문병구
제작	정승호
인디자인 편집	로즈앤북스
표지 디자인	윤혜영
내지 디자인	에피그램
영문교열	Eric Scheusner

Foreword

〈초등코치 천일문 GRAMMAR〉 시리즈를 펴내며

초등 영문법, 어떻게 시작해야 할까요?

자녀가 어린 시기에는 대부분 영어를 재미있게 접했으면 하는 마음에서 회화나 스토리 읽기 위주의 학습을 합니다. 그런데 초등 고학년이 될수록 중학교 내신을 위해 문법 공부를 시작해야 한다는 조급함이 들기 시작하지요. 아이들에게도 갑자기 외워야 하는 많은 '문법 규칙'이 어렵게만 느껴집니다.

어떻게 하면 아이가 문법 규칙을 억지로 외우지 않고도 자연스럽게 이해할 수 있을까요? 바로 다양한 영어 문장을 통해 그 안에 있는 문법 규칙을 스스로 찾아보고 깨우치는 방법입니다. 수동적인 학습이 아니기에 아이 스스로 능동적으로 학습에 참여할 수 있으며, 찾아낸 규칙을 적용해보는 과정에서 문법에 대한 자신감도 키워갈 수 있습니다.

〈초등코치 천일문 GRAMMAR〉 시리즈는 **1,001개 예문을 통해 초등 필수 영문법은 물론 중학 기초 문법 사항까지 자연스럽게 익힐 수 있도록** 구성되었습니다.

| 문장을 통해 스스로 문법 규칙을 발견합니다.

스스로 발견한 규칙은 제시된 규칙을 암기하는 것보다 학습한 내용을 확실하게 자기 것으로 만들 수 있습니다. 규칙을 발견하기 위해 능동적으로 학습에 참여하고 노력하는 과정을 통해 머릿속 깊이 기억됩니다. 〈초등코치 천일문 GRAMMAR〉 시리즈는 암기식 학습보다는 이해를 동반한 참여 학습이 가능하도록 구성되었습니다.

| 발견 − 적용 − 확인의 3단계 구성으로 문법을 확실하게 익힐 수 있습니다.

1단계 Find the Rule에서는 영어 문장들을 통해 문법 규칙을 발견할 수 있도록 하였으며, **2단계** Apply the Rule에서는 앞에서 발견한 규칙들을 바로 적용해 볼 수 있도록 했습니다. **3단계** Check the Rule Again에서는 다시 한 번 규칙을 정리해 볼 수 있습니다. 이러한 3단계 구성은 자연스럽게 문법 규칙이 머릿속에 기억될 수 있도록 도와줄 것입니다.

〈초등코치 천일문 GRAMMAR〉 시리즈를 통해 문법 규칙을 확실하게 자기 것으로 만듦으로써 탄탄한 기초를 세울 수 있을 것 입니다. 〈초등코치 천일문 GRAMMAR〉 시리즈와의 만남을 통해 영어 학습이 더욱더 쉬워지고 즐거워지는 경험을 꼭 할 수 있기를 희망합니다.

저 자

Preview

QR코드
휴대폰을 통해 QR 코드를 인식하면, 본문의 예문 MP3 파일이 재생됩니다.

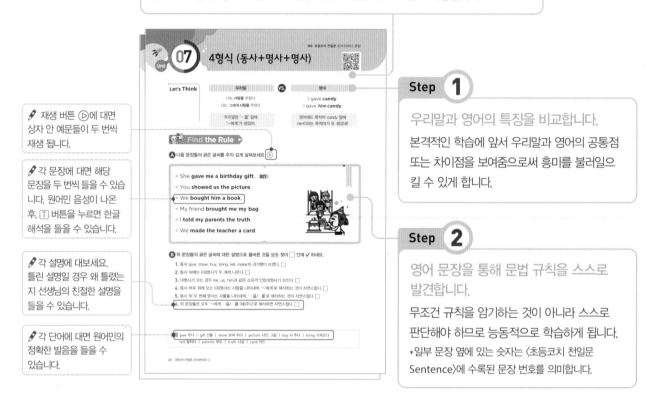

🖊 재생 버튼 ▶에 대면 상자 안 예문들이 두 번씩 재생 됩니다.

🖊 각 문장에 대면 해당 문장을 두 번씩 들을 수 있습니다. 원어민 음성이 나온 후, T 버튼을 누르면 한글 해석을 들을 수 있습니다.

🖊 각 설명에 대보세요. 틀린 설명일 경우 왜 틀렸는 지 선생님의 친절한 설명을 들을 수 있습니다.

🖊 각 단어에 대면 원어민의 정확한 발음을 들을 수 있습니다.

Step 1

우리말과 영어의 특징을 비교합니다.

본격적인 학습에 앞서 우리말과 영어의 공통점 또는 차이점을 보여줌으로써 흥미를 불러일으 킬 수 있게 합니다.

Step 2

영어 문장을 통해 문법 규칙을 스스로 발견합니다.

무조건 규칙을 암기하는 것이 아니라 스스로 판단해야 하므로 능동적으로 학습하게 됩니다.
*일부 문장 옆에 있는 숫자는 〈초등코치 천일문 Sentence〉에 수록된 문장 번호를 의미합니다.

Step 3

발견한 문법 규칙을 적용해봅니다.

Find the Rule에서 발견한 규칙을 바로 적용 해봄으로써 머릿속에 효과적으로 각인시킬 수 있습니다.

Step 4

간단한 확인 문제를 풉니다.

기본 문제를 통해 규칙을 바르게 익혔는지 확인 할 수 있습니다.

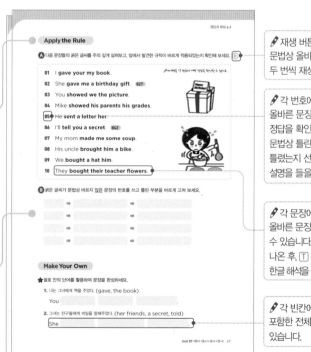

🖊 재생 버튼 ▶에 대면 문법상 올바른 문장이 두 번씩 재생됩니다.

🖊 각 번호에 대면 문법상 올바른 문장인지 아닌지 정답을 확인할 수 있습니다. 문법상 틀린 문장일 경우 왜 틀렸는지 선생님의 친절한 설명을 들을 수 있습니다.

🖊 각 문장에 대면 문법상 올바른 문장을 두 번씩 들을 수 있습니다. 원어민 음성이 나온 후, T 버튼을 누르면 한글 해석을 들을 수 있습니다.

🖊 각 빈칸에 대면 정답을 포함한 전체 문장을 들을 수 있습니다.

재생 버튼 ▶에 대면
모든 예문이 두 번씩 재생
됩니다.

각 문장에 대면 해당
문장을 두 번씩 들을 수
있습니다.

Step **5**

올바른 문장을 확인하고, 문법 규칙을
정리합니다.

Apply the Rule에서 틀린 문장을 제대로
고쳤는지 점검합니다. 한눈에 알기 쉽게 정리된
규칙을 보고 최종 학습합니다.

Step **6**

다양한 문제를 통해 문법 규칙을 적용합니다.
문법을 확실하게 익힐 수 있는 다양한 유형의 문제를 풀어
봅니다.

각 빈칸에 대면 정답을
확인할 수 있습니다. 원어민
음성이 나온 후, T 버튼을
누르면 한글 해석을 들을
수 있습니다. (문제에 한글
해석이 없을 경우)

각 문장에 대면 정답을
포함한 문장을 들을 수 있습니
다. 원어민 음성이 나온 후,
T 버튼을 누르면 한글 해석을
들을 수 있습니다.

Step **7**

워크북으로 문법 규칙을 마스터합니다.
부족했던 부분은 워크북을 통해 충분히 연습할 수 있습니다.

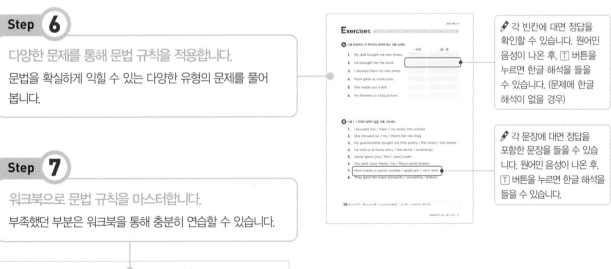

각 빈칸에 대면 정답을 확인할 수 있습니다. 원어민 음성이 나온 후,
T 버튼을 누르면 한글 해석을 들을 수 있습니다. (문제에 한글 해석이 없을 경우)

각 문장에 대면 정답을 포함한 문장을 들을 수 있습니다. 원어민 음성이
나온 후, T 버튼을 누르면 한글 해석을 들을 수 있습니다.

Step **8**

무료 부가서비스 자료로 완벽하게 복습합니다.

1. 어휘리스트   2. 어휘테스트   3. MP3 파일

*모든 자료는 www.cedubook.com에서 다운로드 가능합니다.

**세이펜
활용하기**

〈초등코치 천일문 Grammar〉는 세이펜이 적용된 도서입니다. 세이펜을 영어에 가져다 대기만 하면
원어민이 들려주는 생생한 영어 발음과 억양을 바로 확인할 수 있습니다.

Contents 📖

책속책 WORKBOOK | 정답과 해설

〈초등코치 천일문 GRAMMAR 2〉 목차

Study Plan

⭐ 18일 완성!

	Unit	공부한 날짜
1일차	Unit 01 / 워크북	월 일
2일차	Unit 02 / 워크북	월 일
3일차	Unit 03 / 워크북	월 일
4일차	Unit 04 / 워크북	월 일
5일차	Unit 05 / 워크북	월 일
6일차	Unit 06 / 워크북	월 일
7일차	Unit 07 / 워크북	월 일
8일차	Unit 08 / 워크북	월 일
9일차	Unit 09 / 워크북	월 일
10일차	Unit 10 / 워크북	월 일
11일차	Unit 11 / 워크북	월 일
12일차	Unit 12 / 워크북	월 일
13일차	Unit 13 / 워크북	월 일
14일차	Unit 14 / 워크북	월 일
15일차	Unit 15 / 워크북	월 일
16일차	Unit 16 / 워크북	월 일
17일차	Unit 17 / 워크북	월 일
18일차	Unit 18 / 워크북	월 일

⭐ 10일 완성!

	Unit	공부한 날짜
1일차	Unit 01, 02 / 워크북	월 일
2일차	Unit 03, 04 / 워크북	월 일
3일차	Unit 05, 06 / 워크북	월 일
4일차	Unit 07, 08 / 워크북	월 일
5일차	Unit 09, 10 / 워크북	월 일
6일차	Unit 11, 12 / 워크북	월 일
7일차	Unit 13, 14 / 워크북	월 일
8일차	Unit 15, 16 / 워크북	월 일
9일차	Unit 17 / 워크북	월 일
10일차	Unit 18 / 워크북	월 일

단어

뜻을 가진 말의 가장 작은 단위예요. 알파벳들이 모여서 뜻을 가지는 하나의 단어를 만들어요.

house 집   dog 개   present 선물

문장

여러 개의 단어가 일정한 규칙에 따라 배열되어 하나의 '문장'을 만들어요.
문장은 완전한 내용을 나타내는 가장 작은 단위예요.
I like a dog. 나는 개를 좋아한다.

품사

문장을 이루는 가장 작은 단위인 '단어'를 문법적인 기능에 따라 분류한 것이 바로 품사예요.

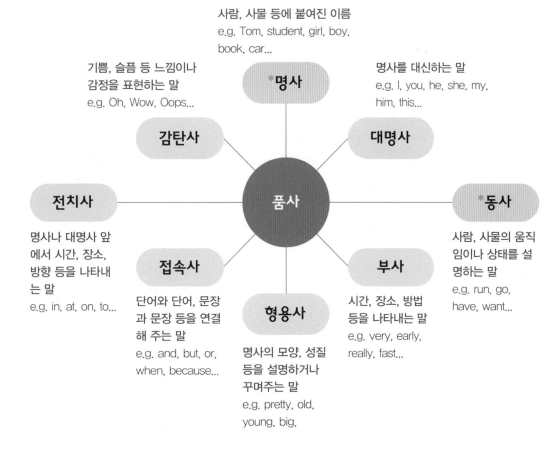

기쁨, 슬픔 등 느낌이나
감정을 표현하는 말
e.g. Oh, Wow, Oops...

사람, 사물 등에 붙여진 이름
e.g. Tom, student, girl, boy,
book, car...

명사를 대신하는 말
e.g. I, you, he, she, my,
him, this...

감탄사

***명사**

대명사

품사

전치사

***동사**

명사나 대명사 앞
에서 시간, 장소,
방향 등을 나타내
는 말
e.g. in, at, on, to...

사람, 사물의 움직
임이나 상태를 설
명하는 말
e.g. run, go,
have, want...

접속사

부사

형용사

단어와 단어, 문장
과 문장 등을 연결
해 주는 말
e.g. and, but, or,
when, because...

시간, 장소, 방법
등을 나타내는 말
e.g. very, early,
really, fast...

명사의 모양, 성질
등을 설명하거나
꾸며주는 말
e.g. pretty, old,
young, big,

*모든 문장에는 반드시 '명사'와 '동사'가 있어야 해요.

아래 문장들에서 각 품사를 한번 확인해 볼까요?

- **Tom is my friend. He is very nice.** 톰은 내 친구이다. 그는 매우 친절하다.
  명사 동사 대명사 명사　대명사　부사　형용사

- **An elephant is large, but a mouse is small.** 코끼리는 크지만, 쥐는 작다.
  　명사　　동사 형용사 접속사　명사　　형용사

- **I have homework today.** 나는 오늘 숙제가 있다.
  대명사 동사　명사　　부사

- **Oh, I am sorry.** 오, 미안합니다.
  감탄사 대명사 동사 형용사

- **A book is on the table.** 책 한 권이 테이블 위에 있다.
  　명사 동사 전치사　　명사

문장을 이루는 성분

영어의 문장은 주어와 동사가 기본 요소가 돼요. 동사의 의미와 성격에 따라 그 뒤에
목적어가 오기도 하고 보어가 오기도 해요.

문장을 이루는 기본 단위

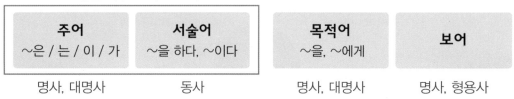

주어 ～은 / 는 / 이 / 가	서술어 ～을 하다, ～이다	목적어 ～을, ～에게	보어
명사, 대명사	동사	명사, 대명사	명사, 형용사

1. 주어란?

문장의 주인을 말해요. 품사 중에서 명사나 대명사가 주어 역할을 해요.

The girl is my sister. 그 여자아이는 내 동생이다.
　주어

2. 서술어란?

주어가 하는 행동이나 주어의 상태를 나타내요. 품사 중에서 동사가 서술어의 역할을 해요.

I like a cat. 나는 고양이를 좋아한다.
   서술어

3. 목적어란?

동사가 나타내는 동작의 대상이 되는 말이에요. 주어가 '무엇을' 하는지 나타내요.
품사 중에서 명사나 대명사가 목적어 역할을 해요.

I like a cat. 나는 고양이를 좋아한다.
       목적어

4. 보어란?

주어나 목적어의 의미를 보충해서 설명해줘요. 보어 자리에는 명사와 형용사가 올 수 있어요.

The girl is my sister. 그 여자아이는 내 동생이다.
   주어   보어(주어 **The girl**을 보충 설명)

We are happy. 우리는 행복하다.
  주어   보어(주어 **We**를 보충 설명)

Let's Start!

Unit 01 동명사 주어

Let's Think

우리말	**VS.**	영어

우리말
나는 **운동한다**.
운동하는 것은 중요하다.

우리말은 '운동하다'가
'운동하는 것'으로 바뀌지.

영어
I **exercise**.
Exercising is important.

영어에서는 동사 exercise가
exercising으로 모양이 바뀌네!

Find the Rule

Ⓐ 다음 문장들의 굵은 글씨를 주의 깊게 살펴보세요. ▷

- **Exercising** is good for health.
- **Playing basketball** is fun.
- **Telling lies** is wrong.
- **Having breakfast** is important.
- **Getting good grades** is not easy.
- **Biting your nails** is a bad habit.

Ⓑ 위 문장들의 굵은 글씨에 대한 설명으로 올바른 것을 <u>모두</u> 찾아 ☐ 안에 ✔ 하세요.

1. 「동사원형 + -ing」의 형태로, 문장의 주어 자리에 온다. ☐
2. exercise, have, bite와 같이 -e로 끝나는 동사는 e를 빼고 -ing를 붙인다. ☐
3. get과 같이 「단모음 + 단자음」으로 끝나는 단어 뒤에는 -ing만 붙여 geting으로 쓴다. ☐
4. 모두 be동사의 3인칭 단수형인 is 앞에 쓰인다. ☐
5. '~하는 것은' 또는 '~하기는'으로 해석하면 자연스럽다. ☐

📖 exercise 운동하다 | health 건강 | lie 거짓말 | important 중요한 | grade 성적 | bite 깨물다 | nail 손톱
  habit 버릇; 습관

Apply the Rule

Ⓐ 다음 문장들의 굵은 글씨를 주의 깊게 살펴보고, 앞에서 발견한 규칙이 바르게 적용되었는지 확인해 보세요.

01	**Playing baseball is** fun.	✏️세이펜을 각 번호에 대면 정답을 확인할 수 있어요.
02	**Do homework is** important.	
03	**Telling lies are** wrong.	
04	**Baking cookies is** not easy.	
05	**Learning new things is** interesting.	
06	**Geting good grades is** hard.	
07	**Drinking milk is** good for your bones.	
08	**Crossing at a red light is** not safe.	
09	**Singing songs is** her hobby.	
10	**Bite your nails is** a bad habit.	

Ⓑ 굵은 글씨가 문법상 바르지 <u>않은</u> 문장의 번호를 쓰고 틀린 부분을 바르게 고쳐 보세요.

⬜	➡ ⬜	➡ ⬜
⬜	➡ ⬜	➡ ⬜
⬜	➡ ⬜	➡ ⬜
⬜	➡ ⬜	➡ ⬜

Make Your Own

⭐ 괄호 안의 단어를 활용하여 문장을 완성하세요.

1. 과일을 먹는 것은 너의 몸에 좋다. (eat fruits, good)

⬜⬜⬜⬜⬜⬜⬜ for your body.

2. 인형을 만드는 것은 재미있다. (fun, make dolls)

⬜⬜⬜⬜⬜⬜ .

01	**Playing** baseball is fun.	야구하는 것은 재미있다.
02	**Doing** homework is important.	숙제를 하는 것은 중요하다.
03	**Telling** lies is wrong.	거짓말을 하는 것은 옳지 않다.
04	**Baking** cookies is not easy.	쿠키 굽기는 쉽지 않다.
05	**Learning** new things is interesting.	새로운 것을 배우는 것은 재미있다.
06	**Getting** good grades is hard.	좋은 성적을 받는 것은 힘들다.
07	**Drinking** milk is good for your bones.	우유를 마시는 것은 너의 뼈에 좋다.
08	**Crossing** at a red light is not safe.	빨간 불에 길을 건너는 것은 안전하지 않다.
09	**Singing** songs is her hobby.	노래 부르기는 그녀의 취미이다.
10	**Biting** your nails is a bad habit.	손톱 깨무는 것은 나쁜 습관이다.

Rule

- **동명사:** 동명사는 동사의 성질을 갖고 있는 명사예요. 「동사원형+ -ing」의 형태이며, '~하는 것', '~하기'라고 해석해요. 진행형에서 「동사원형+ -ing」를 만드는 방법과 같아요. (▶GRAMMAR 2 Unit 11)

대부분의 동사	동사원형+-**ing**	play**ing**, do**ing**, tell**ing**
-e로 끝나는 동사	e를 빼고+-**ing**	bak**ing**, bit**ing**, mak**ing**
「단모음+단자음」으로 끝나는 동사	마지막 자음을 한 번 더 쓰고+-**ing**	get**ting**, sit**ting**, run**ning**
-ie로 끝나는 동사	-ie → -**ying**	d**ying**, l**ying**

- **동명사 주어:** 동명사는 명사처럼 주어 역할을 할 수 있어요. 이때 '~하는 것은', '~하기는'이라고 해석해요. 동명사 주어 뒤에 복수명사가 있더라도 동명사 주어의 동사는 반드시 단수 형태로 써요.
Singing **songs is** her hobby.

동명사
(동사원형+-ing) **+** is
일반동사의 3인칭 단수형

Exercises

A 다음 우리말과 일치하는 것을 고르세요.

1. 오는 것   (coming / come / comes)

2. 수영하다   (swim / swimming / swam)

3. 요리하기   (cook / cooking / cooks)

4. 사기   (buy / buying / bought)

5. 잠자는 것   (sleep / sleeps / sleeping)

6. 배우다   (learn / learning / learned)

7. 먹는 것   (eat / eats / eating)

8. 연습하는 것   (practice / will practice / practicing)

9. 일하다   (working / work / will work)

10. 읽는 것   (read / reads / reading)

B 다음 ( ) 안에서 알맞은 것을 고르세요.

1. (Save / Saving) money is important for your future.

2. (Playing / Play) the piano is my hobby.

3. (Rideing / Riding) a bike without a helmet is not safe.

4. (Eatting / Eating) fast food is not healthy.

5. (Sitting / Siting) too close to the TV is bad for your eyes.

6. (Geting up / Getting up) early in the morning is not easy.

7. Watching movies (are / is) his favorite activity.

8. Studying for tests (is / are) boring.

📖📖 **B** save 저축하다 | future 미래 | without ~없이 | helmet 헬멧 | fast food 패스트푸드 | healthy 건강한 | close 가까이 | get up (잠자리에서) 일어나다 | favorite 매우 좋아하는 | activity 활동 | boring 지루한

1. _____ the cake into 3 pieces is not easy. (cut)

2. _____ a diary is a good habit. (keep)

3. _____ fruits and vegetables is good for health. (eat)

4. _____ between chocolate and candy is hard. (choose)

5. _____ to your parents is important. (listen)

6. _____ too fast is dangerous. (drive)

D 다음 문장을 읽고, 해석이 바른 것을 고르세요.

1. Getting a new cell phone is my wish.

   a. 내 소원대로 새 휴대폰을 얻을 것이다.

   b. 새 휴대폰을 얻는 것이 내 소원이다.

2. Doing homework is boring.

   a. 지루한 숙제를 하고 있다.

   b. 숙제를 하는 것은 지루하다.

3. Reading books is my favorite activity.

   a. 책 읽는 것은 내가 가장 좋아하는 활동이다.

   b. 나는 내가 가장 좋아하는 책을 읽는다.

4. Playing games is my brother's hobby.

   a. 내 형은 취미로 게임을 하고 있다.

   b. 게임을 하는 것은 내 형의 취미이다.

📖 **C** piece 조각 | cut 자르다 | keep a diary 일기를 쓰다 | between ~ 사이에서 | hard 어려운, 힘든
choose 선택하다, 고르다 | dangerous 위험한

E 다음 밑줄 친 부분을 바르게 고치세요.

1. <u>Runing</u> every day is good exercise. ➡

2. Brushing your teeth <u>are</u> important. ➡

3. <u>Makeing</u> new friends is not easy for me. ➡

4. Reading books <u>are</u> not my favorite thing. ➡

5. Cleaning your room <u>are</u> your job. ➡

6. <u>Take</u> a walk with my dog is fun. ➡

F 주어진 말을 이용하여 우리말에 맞게 영작하세요.

1. 도로에서 노는 것은 매우 위험하다. (play on the road, very dangerous)

   ➡

2. 신발을 벗는 것이 여기에서의 규칙이다. (take off your shoes, a rule here)

   ➡

3. 긴 이야기를 쓰는 것은 어렵다. (write a long story, difficult)

   ➡

4. 새로운 것을 배우는 것은 재미있다. (learn new things, interesting)

   ➡

5. 그림을 그리는 것은 내 여동생의 취미이다. (draw pictures, my sister's hobby)

   ➡

📖 **E** brush 닦다 | teeth 이, 치아(tooth의 복수형) | important 중요한 | make a friend 친구를 사귀다
job (해야 하는 특정한) 일 | take a walk 산책하다

Unit 02 동명사 목적어

Let's Think

우리말	**VS.**	영어
나는 책을 읽는다. 나는 책을 읽는 것을 좋아한다.		I **read** a book. I like **reading** a book.
우리말은 '읽는다'가 '읽는 것을'로 바뀌지.		영어에서는 동사 read가 reading으로 모양이 바뀌네!

 Find the Rule

Ⓐ 다음 문장들의 굵은 글씨를 주의 깊게 살펴보세요. ▷

- I started **reading** it last night. **629**
- We kept **waiting** for you.
- Tom finished **cleaning** his room.
- Kate began **studying** Korean.
- She doesn't like **watching** TV.
- They enjoy **swimming** in the pool.

Ⓑ 위 문장들의 굵은 글씨에 대한 설명으로 올바른 것을 <u>모두</u> 찾아 ☐ 안에 ✔ 하세요.

1. 「동사원형＋-ing」의 형태이다. ☐
2. start, keep, finish, begin, like, enjoy와 같은 동사 앞에 온다. ☐
3. 주어에 따라 형태가 변하지 않는다. ☐
4. '～하는 것을' 또는 '～하기를'이라고 해석하면 자연스럽다. ☐

📖 start 시작하다 | last night 어젯밤 | keep 계속하다 | finish 끝내다 | clean 청소하다 | begin 시작하다
enjoy 즐기다 | pool 수영장

Apply the Rule

A 다음 문장들의 굵은 글씨를 주의 깊게 살펴보고, 앞에서 발견한 규칙이 바르게 적용되었는지 확인해 보세요.

---

01 I **started worried** about the test. `630`

02 We **like watching** funny movies.

03 Ben and I **enjoy swim** in the pool.

04 He **hates washing** the dishes.

05 The man **kept lookings** at his watch.

06 He **doesn't like traveling** by car.

07 Kate **began studying** Korean.

08 They **finished did** their homework.

09 The dogs **love playing** in the snow.

10 My family **enjoyed walking** in the forest.

✏ 세이펜은 각 번호에 대면 정답을 확인할 수 있어요.

B 굵은 글씨가 문법상 바르지 <u>않은</u> 문장의 번호를 쓰고 틀린 부분을 바르게 고쳐 보세요.

	➡		➡	
	➡		➡	
	➡		➡	
	➡		➡	

Make Your Own

⭐ 괄호 안의 단어를 활용하여 문장을 완성하세요.

1. 그들은 축구하는 것을 좋아한다. (soccer, play, like)

They ⬚ ⬚ ⬚ .

2. 나는 영어를 배우기 시작했다. (started, English, learn)

I ⬚ ⬚ .

Check the Rule Again

01	I *started* **worrying** about the test. `630`	나는 시험에 대해 걱정하기를 시작했다.
02	We *like* **watching** funny movies.	우리는 재미있는 영화를 보는 것을 좋아한다.
03	Ben and I *enjoy* **swimming** in the pool.	벤과 나는 수영장에서 수영하는 것을 즐긴다.
04	He *hates* **washing** the dishes.	그는 설거지하는 것을 싫어한다.
05	The man *kept* **looking** at his watch.	그 남자는 시계를 보는 것을 계속했다.
06	He doesn't *like* **traveling** by car.	그는 자동차로 여행하는 것을 좋아하지 않는다.
07	Kate *began* **studying** Korean.	케이트는 한국어 공부하는 것을 시작했다.
08	They *finished* **doing** their homework.	그들은 숙제하는 것을 끝냈다.
09	The dogs *love* **playing** in the snow.	그 개들은 눈 속에서 노는 것을 정말 좋아한다.
10	My family *enjoyed* **walking** in the forest.	우리 가족은 숲속에서 걷는 것을 즐겼다.

Rule

- **동명사 목적어:** 동명사는 문장에서 목적어 역할을 할 수 있어요. 이때, 동명사는 동사 바로 뒤에 쓰여 '~하는 것을', '~하기를'이라고 해석해요.

주어 **+** 동사 **+** **동명사** (동사원형 + -ing)

- **동명사를 목적어로 쓰는 동사:** 동명사는 다음과 같은 동사들의 목적어로 쓰일 수 있어요.

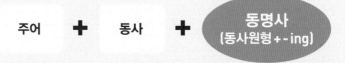

enjoy 즐기다	**finish** 끝내다	**keep** 계속하다	**avoid** 피하다
practice 연습하다	**mind** 신경 쓰다	**give up** 포기하다	**start** 시작하다
begin 시작하다	**like** 좋아하다	**hate** 싫어하다	**love** 정말 좋아하다

Exercises

A 다음 문장에서 동명사에 ○ 하고, 알맞은 역할에 ✔ 하세요.

1. She started singing. □ 주어 □ 목적어

2. Keep going straight. □ 주어 □ 목적어

3. Playing baseball is fun. □ 주어 □ 목적어

4. He likes studying science. □ 주어 □ 목적어

5. Sleeping well is very important. □ 주어 □ 목적어

6. My grandfather enjoys reading the newspaper. □ 주어 □ 목적어

B 다음 우리말과 같은 뜻이 되도록 〈보기〉의 단어를 동명사로 바꿔 문장을 완성하세요.

〈보기〉 learn   sit   run   bake   write

1. 그는 달리는 것을 포기했다.
➡ He gave up _____.

2. 그는 편지 쓰는 것을 좋아하지 않는다.
➡ He doesn't like _____ letters.

3. 우리는 새로운 것을 배우는 것을 즐긴다.
➡ We enjoy _____ new things.

4. 그녀는 쿠키를 굽기 시작했다.
➡ She started _____ cookies.

5. 그녀는 창가에 앉는 것을 싫어한다.
➡ She hates _____ by the window.

📖 **A** straight 똑바로 | baseball 야구 | science 과학 | important 중요한 | newspaper 신문

C 다음 ( ) 안에서 알맞은 것을 고르세요.

1. They enjoy (draw / drawing) pictures.

2. I hate (go home / going home) alone.

3. She (finished doing / finished does) her homework.

4. I (playing like / like playing) tennis.

5. She (avoids eating / avoid eatings) chocolate.

6. The students practiced (swiming / swimming) in the river.

7. We don't (studying like / like studying).

8. My family (started cooking / started cooked) dinner.

9. I (giving up find / gave up finding) my notebook.

10. He (kept telling / keeps tell) lies to me.

D 다음 문장을 읽고, 해석이 바른 것을 고르세요.

1. She began singing.
   a. 그녀는 노래를 부르고 있었다.
   b. 그녀는 노래를 부르기 시작했다.

2. Dad enjoys reading the newspaper.
   a. 아빠는 신문 읽는 것을 즐기신다.
   b. 아빠는 즐겁게 신문을 읽고 계신다.

3. He started studying hard.
   a. 그는 공부를 열심히 하고 있다.
   b. 그는 열심히 공부하기 시작했다.

📖 **C** alone 혼자 | river 강 | find 찾다 | notebook 공책 | lie 거짓말

E 다음 밑줄 친 부분을 바르게 고치세요.

1. I enjoy <u>have</u> dessert after lunch.   ➡

2. My mom finished <u>bake</u> cookies.   ➡

3. He gave up <u>practice</u> soccer.   ➡

4. We kept <u>push</u> on the door.   ➡

5. The men don't mind <u>ask</u> questions.   ➡

6. Jane practiced <u>play</u> the piano.   ➡

F 다음 우리말과 같은 뜻이 되도록 ( ) 안의 동사를 동명사로 바꿔 문장을 완성하세요.

1. 우리는 음악 듣는 것을 좋아하지 않는다. (listen to music)
   ➡ We don't like _____.

2. 그녀는 드레스를 입는 것을 아주 싫어한다. (wear a dress)
   ➡ She hates _____.

3. 그들은 영화를 보러 가는 것을 즐기지 않는다. (go to the movies)
   ➡ They don't enjoy _____.

4. 그는 줄을 서서 기다리는 것을 신경 쓰지 않는다. (wait in line)
   ➡ He doesn't mind _____.

5. 그 남자는 진실을 말하기를 피했다. (tell the truth)
   ➡ The man avoided _____.

6. 나는 일기를 쓰기 시작했다. (write a diary)
   ➡ I started _____.

📖 **E** dessert 디저트 | bake 굽다 | push 밀다 | question 질문

Let's Think

| 우리말 | VS. | 영어 |

너는 물을 **마신다.**
너는 물을 **마시기를** 원한다.

You **drink** water.
You want **to drink** water.

우리말은 '마신다'가
'마시기를'로 바뀌지.

영어에서는 동사 drink가
to drink로 모양이 바뀌네!

Find the Rule ▸

A 다음 문장들의 굵은 글씨를 주의 깊게 살펴보세요. ▷

- I want **to watch** TV. 663
- I want **to be** tall.
- I need **to talk** to you. 698
- You like **to play** sports.
- We hope **to see** you soon.
- She tried **to win** the game.
- The baby began **to cry**.
- They decided **to meet** at five.

B 위 문장들의 굵은 글씨에 대한 설명으로 올바른 것을 <u>모두</u> 찾아 ☐ 안에 ✔ 하세요.

1. 「to + 동사원형」의 형태로, 동사 바로 뒤에 온다. ☐
2. want, need, like, hope, try, begin, decide와 같은 동사 앞에 「to + 동사원형」이 온다. ☐
3. to 뒤에 동사원형 대신 동사의 과거형이나 「동사 + -ing」 형태가 올 수 있다. ☐
4. 문장의 동사 뒤에 오는 것으로 보아 「to + 동사원형」은 동사의 목적어 역할을 한다. ☐
5. '~하는 것을' 또는 '~하기를'이라고 해석하면 자연스럽다. ☐

📖 need 필요하다 | sport 스포츠, 운동 | hope 바라다 | soon 곧 | try 노력하다 | win 이기다 | begin 시작하다
cry 울다 | decide 결정하다

Apply the Rule

A 다음 문장들의 굵은 글씨를 주의 깊게 살펴보고, 앞에서 발견한 규칙이 바르게 적용되었는지 확인해 보세요.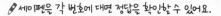

01 I **want to eat** pizza. `661`

✍세이펜을 각 번호에 대면 정답을 확인할 수 있어요.

02 I **hope to sees** you again soon.

03 You don't **need to hurry**.

04 We **tried to helped** her.

05 She **wanted go to** home.

06 The baby **began to cry**.

07 Mike **plans to leave** early tomorrow.

08 It **started to rain**.

09 They don't **like to playing** sports.

10 My parents **decided to buy** a new car.

B 굵은 글씨가 문법상 바르지 <u>않은</u> 문장의 번호를 쓰고 틀린 부분을 바르게 고쳐 보세요.

	➡		➡	
	➡		➡	
	➡		➡	
	➡		➡	

Make Your Own

⭐ 괄호 안의 단어를 활용하여 문장을 완성하세요.

1. 나는 신발을 사기를 원한다. (shoes, buy, want)

I _____ _____ _____ .

2. 그녀는 책을 읽기 시작했다. (began, a book, read)

She _____ _____ _____ .

01	I *want* **to eat** pizza. `661`	나는 피자 먹기를 원한다.
02	I *hope* **to see** you again soon.	나는 곧 너를 다시 만나기를 바란다.
03	You don't *need* **to hurry**.	너는 서두를 필요가 없다.
04	We *tried* **to help** her.	우리는 그녀를 도우려고 노력했다.
05	She *wanted* **to go** home.	그녀는 집에 가기를 원했다.
06	The baby *began* **to cry**.	아기가 울기 시작했다.
07	Mike *plans* **to leave** early tomorrow.	마이크는 내일 일찍 떠날 것을 계획한다.
08	It *started* **to rain**.	비가 오기 시작했다.
09	They don't *like* **to play** sports.	그들은 운동하는 것을 좋아하지 않는다.
10	My parents *decided* **to buy** a new car.	우리 부모님은 새 차를 사기로 결정하셨다.

Rule

- **to부정사**: to부정사는 「to+동사원형」의 형태로 문장에서 명사로 사용할 수 있어요. 이때, '~하는 것', '~하기'로 해석해요.
- **to부정사 목적어**: to부정사는 문장에서 목적어 역할을 할 수 있어요. 이때, to부정사는 동사 바로 뒤에 쓰여 '~하는 것을', '~하기를'이라고 해석해요.

주어 **+** 동사 **+** to부정사 (to + 동사원형)

- **to부정사를 목적어로 쓰는 동사**: to부정사는 다음과 같은 동사들의 목적어로 쓰일 수 있어요.

want 원하다	**need** 필요하다	**hope** 바라다	**wish** 바라다
try 노력하다	**decide** 결정하다	**agree** 동의하다	**promise** 약속하다
plan 계획하다	**like** 좋아하다	**love** 정말 좋아하다	**hate** 싫어하다
start 시작하다	**begin** 시작하다		

*like, love, hate, start, begin은 목적어로 to부정사와 동명사를 모두 쓸 수 있어요.
I like **to play**(= playing) sports. 나는 운동하는 것을 좋아한다.

Exercises

A 다음 ( ) 안에서 알맞은 것을 고르세요.

1. My aunt started (work to / to work).

2. They hate (to going / to go) outside on rainy days.

3. I tried (to finish / to finished) my homework before dinner.

4. My sister wants (to be / to is) rich.

5. Kate decided (to joins / to join) the club.

6. My brother began (to learn / learn to) Taekwondo.

7. I need (to call / to called) my mom.

8. They agreed (to move / to moved) the sofa.

B 다음 우리말과 일치하는 문장을 고르세요.

1. 나는 내 친구들과 이야기하는 것을 좋아한다.

   a. I like talk with my friends.

   b. I like to talk with my friends.

2. Matt은 나를 돕기로 약속했다.

   a. Matt promised to help me.

   b. Matt promised helped me.

3. 엄마는 요리하기 시작하셨다.

   a. Mom started to cooked.

   b. Mom started to cook.

4. 우리는 버스를 타기로 결정했다.

   a. We decided to take a bus.

   b. We decided took a bus.

📖 **A** aunt 이모, 고모 | outside 밖에, 밖으로 | rainy 비가 많이 오는 | join 가입하다 | club 동아리
Taekwondo 태권도 | call 전화하다 | move 옮기다 | sofa 소파

C 다음 우리말과 같은 뜻이 되도록 〈보기〉의 단어를 to부정사로 바꿔 문장을 완성하세요.

〈보기〉 study　　travel　　eat　　hear　　snow

1. 그들은 무서운 이야기를 듣는 것을 좋아한다.
   ➡ They like _____ scary stories.

2. 나는 하루 종일 공부하는 것을 싫어한다.
   ➡ I hate _____ all day.

3. 눈이 오기 시작했다.
   ➡ It started _____.

4. 나는 시금치를 먹기를 원하지 않는다.
   ➡ I don't want _____ spinach.

5. 우리는 내년에 여행가는 것을 계획하고 있다.
   ➡ We are planning _____ next year.

D 다음 밑줄 친 부분을 바르게 고치세요.

1. Dan likes to <u>watched</u> TV on weekends.　➡

2. Ann wants to <u>is</u> a pianist.　➡

3. She needs <u>eats</u> something.　➡

4. I decided <u>learn</u> Chinese.　➡

5. Jim agreed to <u>going</u> outside.　➡

6. We plan to <u>gets</u> some flowers for her.　➡

7. He needs to <u>thinks</u> about the problem.　➡

📖 **D** weekend 주말 ┃ pianist 피아니스트 ┃ something 무엇 ┃ learn 배우다 ┃ Chinese 중국어

E 다음 중 올바른 문장에는 ○, 틀린 문장에는 ✕ 하고 틀린 곳을 바르게 고치세요.

1. Ben wished to sits next to Amy.　➡

2. They hoped to were on the same team.　➡

3. She began to exercise.　➡

4. I love to eat delicious food.　➡

5. Jim wanted went outside.　➡

6. I need visit my aunt.　➡

F 다음 우리말과 같은 뜻이 되도록 ( ) 안의 동사를 to부정사로 바꿔 문장을 완성하세요.

1. 나는 숙제를 먼저 하기로 결정했다. (do the homework first)
　➡ I decided ＿＿＿＿＿＿＿＿＿＿＿＿＿＿＿＿＿.

2. 그들은 캐나다를 다시 방문하기를 바란다. (visit Canada again)
　➡ They hope ＿＿＿＿＿＿＿＿＿＿＿＿＿＿＿＿＿.

3. 우리는 여름에 해변에 가는 것을 좋아한다. (go to the beach)
　➡ We like ＿＿＿＿＿＿＿＿＿＿＿＿＿＿＿ in summer.

4. Tim은 사실을 말하기를 원했다. (tell the truth)
　➡ Tim wanted ＿＿＿＿＿＿＿＿＿＿＿＿＿＿＿.

5. 나는 내 방을 청소할 계획이다. (clean my room)
　➡ I plan ＿＿＿＿＿＿＿＿＿＿＿＿＿＿＿＿＿.

6. 그녀는 기타를 연습하려고 노력했다. (practice the guitar)
　➡ She tried ＿＿＿＿＿＿＿＿＿＿＿＿＿＿＿.

📖 **E** next to ~옆에 | same 같은 | team 팀 | exercise 운동하다 | visit 방문하다

Unit 04 to부정사의 부사적 역할 (목적)

Let's Think

우리말	VS.	영어

우리말

나는 **달렸다**.

나는 버스를 타기 위해 **달렸다**.

우리말은 '~하기 위해'라는 말로
어떤 행동의 목적을 나타내지.

영어

I **ran**.

I **ran to catch the bus**.

영어에서는 to부정사로
같은 의미를 나타내네!

Find the Rule

Ⓐ 다음 문장들의 굵은 글씨를 주의 깊게 살펴보세요. ▷

- Tom and I ran **to catch** the bus.
- We went to the park **to exercise**.
- I went there **to see** her.
- Mike came here **to say** hi.
- I study very hard **to be** a doctor.
- She gets up early **to make** breakfast.

Ⓑ 위 문장들의 굵은 글씨에 대한 설명으로 올바른 것을 <u>모두</u> 찾아 ☐ 안에 ✔ 하세요.

1. 「to + 동사원형」의 형태인 to부정사이다. ☐
2. 문장에 쓰인 동사에 따라 to부정사의 형태도 함께 바뀐다. ☐
3. 목적어로 쓰여 '~하는 것을'로 해석하는 것이 자연스럽다. ☐
4. 동사의 목적을 나타내어 '~하기 위해서'라고 해석하는 것이 자연스럽다. ☐

📖 catch 잡아타다 | park 공원 | exercise 운동하다 | there 거기에 | hard 열심히 | early 일찍

Apply the Rule

(A) 다음 문장들의 굵은 글씨를 주의 깊게 살펴보고, 앞에서 발견한 규칙이 바르게 적용되었는지 확인해 보세요. ▷

✏️ 세이펜을 각 번호에 대면 정답을 확인할 수 있어요.

01   Tom and I ran **catch to** the bus.

02   My dad stopped **to helping** the old man.

03   The students sat down **to take** the exam.

04   I saved money **to buy** a new bike.

05   They use long chopsticks **to cook**.

06   I went to the bathroom **to wash** my hands.

07   We waited in line **to get** a ticket.

08   She got up early **to exercises**.

09   I study hard **to is** a doctor.

10   Mike came here **to say** hi.

(B) 굵은 글씨가 문법상 바르지 <u>않은</u> 문장의 번호를 쓰고 틀린 부분을 바르게 고쳐 보세요.

	➡		➡	
	➡		➡	
	➡		➡	
	➡		➡	

Make Your Own

⭐ 괄호 안의 단어를 활용하여 문장을 완성하세요.

1. 그녀는 빵을 굽기 위해 오븐을 사용한다. (use, the oven, bake)

　She 　　　　　, 　　　　　　　　　　 　　　　　　　　　 bread.

2. 나는 아침을 먹기 위해 일찍 일어난다. (get up, early, have)

　I 　　　　　　　 　　　　　　　 　　　　　　　 breakfast.

01	Tom and I ran **to catch** the bus.	톰과 나는 버스를 타기 위해 달렸다.
02	My dad stopped **to help** the old man.	우리 아빠는 그 노인을 돕기 위해 멈췄다.
03	The students sat down **to take** the exam.	학생들은 시험을 보기 위해 앉았다.
04	I saved money **to buy** a new bike.	나는 새 자전거를 사기 위해 돈을 모았다.
05	They use long chopsticks **to cook**.	그들은 요리하기 위해 긴 젓가락을 사용한다.
06	I went to the bathroom **to wash** my hands.	나는 손을 씻기 위해 화장실에 갔다.
07	We waited in line **to get** a ticket.	우리는 표를 사기 위해 줄을 서서 기다렸다.
08	She got up early **to exercise**.	그녀는 운동하기 위해 일찍 일어났다.
09	I study hard **to be** a doctor.	나는 의사가 되기 위해 열심히 공부한다.
10	Mike came here **to say** hi.	마이크는 인사하기 위해 여기 왔다.

Rule

- **to부정사의 부사적 역할:** to부정사는 문장에서 부사처럼 동사, 형용사, 부사 등을 꾸며 주는 역할을 하고, 목적, 원인, 결과 등 다양한 의미를 나타낼 수 있어요.
- **'목적'을 나타내는 to부정사:** to부정사는 동사를 꾸며 동사의 구체적인 목적을 나타낼 수 있어요. 이때 to부정사는 '~하기 위해서'라고 해석해요.

'목적'을 나타내는 to부정사	I *went* to the bookstore **to buy** a book. 나는 책을 **사기 위해** 서점에 갔다.
	I *sat* down **to read** a book. 나는 책을 **읽기 위해** 앉았다.

*__stop__: stop 뒤에 to부정사가 오면 '~하기 위해'라는 목적을 나타내요. '~하는 것을 멈추다[그만하다]'라고 쓸 때는 stop 뒤에 동명사(동사원형+-ing)를 목적어로 사용해요. (▶Unit 02)
Stop **talking**. (그만 얘기해.)

Exercises

A 다음 문장에서 to부정사를 찾아 ○ 하고, 알맞은 해석에 ✔ 하세요.

1. He went to his room to take a nap.　　☐ ~하는 것을　☐ ~하기 위해서

2. I wanted to tell you.　　☐ ~하는 것을　☐ ~하기 위해서

3. I called you to talk about her.　　☐ ~하는 것을　☐ ~하기 위해서

4. She left early to meet her brother.　　☐ ~하는 것을　☐ ~하기 위해서

5. They plan to take a trip next year.　　☐ ~하는 것을　☐ ~하기 위해서

6. We went to the station to catch the train.　☐ ~하는 것을　☐ ~하기 위해서

B 다음 우리말과 같은 뜻이 되도록 〈보기〉의 단어를 이용하여 문장을 완성하세요.

〈보기〉　read　　win　　smell　　buy　　do

1. Kevin은 경주에서 이기기 위해 빨리 달렸다.
➡ Kevin ran fast _____ the race.

2. 나는 아이스크림을 사기 위해 슈퍼마켓에 갔다.
➡ I went to the supermarket _____ an ice cream.

3. 그녀는 책을 읽기 위해 불을 켰다.
➡ She turned on the light _____ a book.

4. 나는 숙제를 하기 위해 내 컴퓨터를 사용한다.
➡ I use my computer _____ my homework.

5. 그 개는 가방의 냄새를 맡기 위해 멈췄다.
➡ The dog stopped _____ the bag.

📖 **A** take a nap 낮잠을 자다 | leave 떠나다 | station (기차)역

C 다음 우리말과 같은 뜻이 되도록 (   ) 안의 단어를 이용하여 문장을 완성하세요.

1. 나는 할머니를 뵙기 위해 부산에 갔다. (my grandmother, visit)
    ➡ I went to Busan _____ .

2. 나는 케이크를 자르기 위해 칼을 사용했다. (cut, the cake)
    ➡ I used the knife _____ .

3. Jane은 질문하기 위해 손을 들었다. (a question, ask)
    ➡ Jane raised her hand _____ .

4. 우리 이모는 영어를 공부하기 위해 영국에 머물렀다. (English, study)
    ➡ My aunt stayed in England _____ .

5. 그들은 선생님과 얘기하기 위해 여기에 왔다. (to the teacher, talk)
    ➡ They came here _____ .

6. 우리는 TV를 보기 위해 숙제를 끝냈다. (watch, TV)
    ➡ We finished our homework _____ .

D 다음 우리말을 영어로 바르게 옮긴 것은?

우리는 새 옷을 사기 위해 쇼핑몰에 갔다.

① We went to the mall buy new clothes.
② We buy new clothes to go to the mall.
③ We went to the mall to buy new clothes.
④ We went new clothes to the mall to buy.
⑤ We buy new clothes to went to the mall.

E 다음 주어진 문장을 〈보기〉와 같이 바꿔 쓰세요.

> 〈보기〉 I went to the store. I wanted to buy candies.
>
> ➡ I went to the store to buy candies.

1. He took a bus. He wanted to go there.

> ➡

2. We went to the library. We wanted to borrow some books.

> ➡

3. I practice every day. I want to play the piano well.

> ➡

4. She cut vegetables. She wanted to make soup.

> ➡

F 다음 밑줄 친 to부정사의 해석이 <u>다른</u> 하나는?

1. ① She wanted <u>to wear</u> a dress.

② He met Kate <u>to say</u> goodbye.

③ I use chopsticks <u>to eat</u>.

④ I turned on the TV <u>to watch</u> the news.

⑤ They went to the mall <u>to get</u> shoes.

2. ① They need <u>to clean</u> their rooms.

② I don't want <u>to wake up</u> early.

③ We hope <u>to see</u> you again.

④ He plans <u>to join</u> the club.

⑤ She called me <u>to ask</u> about the homework.

📖 **E** borrow 빌리다 ┃ practice 연습하다 ┃ soup 수프 **F** say goodbye 작별 인사를 하다 ┃ chopsticks 젓가락
turn on ~을 켜다 ┃ mall 쇼핑몰 ┃ join 가입하다 ┃ club 동아리

Unit 05 2형식과 감각동사 (동사+명사/형용사)

Let's Think

| 우리말 | VS. | 영어 |

너는 오늘 ～해 보여.
너는 오늘 **멋있어 보여.**

우리말에는 누군가가 '어떤지' 설명해 주는 말이 필요해.

You **look** today. (×)
You **look nice** today.

영어에도 주어에 관해 설명해 주는 말이 꼭 필요할 때가 있네!

Find the Rule →

A 다음 문장들의 굵은 글씨를 주의 깊게 살펴보세요. ▷

- My uncle **is a teacher**.
- I **am sleepy**. `030`
- You **look great**. `761`
- I **feel sad**. `769`
- The music **sounds good**.
- This flower **smells nice**.
- It **tastes delicious**.

B 위 문장들에 대한 설명으로 올바른 것을 <u>모두</u> 찾아 □ 안에 ✔ 하세요.

1. 「주어 + 동사 + 명사/형용사」로 이루어진 문장이다. □

2. be동사 뒤에는 명사와 형용사 모두 올 수 있다. □

3. 동사 look, feel, sound, smell, taste는 '보이다, 느껴지다, 들리다, 냄새가 나다, 맛이 나다'라는 뜻으로, 사람의 감각을 나타낸다. □

4. 감각을 나타내는 동사 뒤에는 명사가 온다. □

📖 look ～해 보이다 | feel ～하게 느껴지다 | sound ～하게 들리다 | smell ～한 냄새가 나다
taste ～한 맛이 나다 | delicious 맛있는

Apply the Rule

A 다음 문장들의 굵은 글씨를 주의 깊게 살펴보고, 앞에서 발견한 규칙이 바르게 적용되었는지 확인해 보세요. ▷

01   We **are friends**.

02   I **am hungry**.   027

03   The box **is heavy**.

04   You **look angry**.   762

05   He **different looks** today.

06   I **feel sad**.   769

07   Your hands **feel softly**.

08   Her voice **sounds happy**.

09   The soup **nice smells**.

10   The cake **tastes sweetly**.

✎ 세이펜을 각 번호에 대면 정답을 확인할 수 있어요.

B 굵은 글씨가 문법상 바르지 <u>않은</u> 문장의 번호를 쓰고 틀린 부분을 바르게 고쳐 보세요.

	⇒		⇒	
	⇒		⇒	
	⇒		⇒	
	⇒		⇒	

Make Your Own

★ 괄호 안의 단어를 활용하여 문장을 완성하세요.

1. 그들은 행복해 보인다. (look, happy)

   They _____ _____ .

2. 그 꽃은 좋은 냄새가 난다. (nice, smell)

   The flower _____ _____ .

01	We **are friends**.	우리는 친구이다.
02	I **am hungry**. 〔027〕	나는 배가 고프다.
03	The box **is heavy**.	그 상자는 무겁다.
04	You **look angry**. 〔762〕	너는 화가 나 보인다.
05	He **looks different** today.	그는 오늘 다르게 보인다.
06	I **feel sad**. 〔769〕	나는 슬픈 기분이 든다.
07	Your hands **feel soft**.	너의 손은 부드럽게 느껴진다.
08	Her voice **sounds happy**.	그녀의 목소리는 기쁘게 들린다.
09	The soup **smells nice**.	그 수프는 좋은 냄새가 난다.
10	The cake **tastes sweet**.	그 케이크는 단맛이 난다.

Rule

- **2형식:** 주어의 특징이나 상태를 보충 설명해 주는 보어가 꼭 필요한 문장을 2형식 문장이라고 해요. 동사는 be동사나 감각동사 등이 쓰이고, 보어 자리에는 명사나 형용사가 와요.

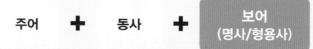

주어 **+** 동사 **+** 보어 (명사/형용사)

- **감각동사:** 보는 것, 느끼는 것, 듣는 것 등과 같이 사람의 감각을 나타내는 동사를 감각동사라고 해요. 감각동사가 쓰인 문장에는 **보어 자리에 형용사**만 올 수 있어요.

주어 **+** 감각동사 **+** 형용사 보어

감각동사	
look ~해 보이다	**feel** ~한 기분이 들다, ~하게 느껴지다
sound ~하게 들리다	**smell** ~한 냄새가 나다
taste ~한 맛이 나다	

*우리말은 보어를 부사처럼 '~하게'로 해석하는 것이 자연스럽더라도 영어 문장에는 형용사가 와야 해요.

Exercises

A 다음 문장에서 동사에 ○, 보어에 △ 하세요.

1. The boys are students.

2. This building looks beautiful.

3. The bananas smell sweet.

4. My scarf feels soft.

5. Your voice sounds angry.

6. The soup tastes great.

B 다음 우리말과 같은 뜻이 되도록 〈보기〉의 단어를 이용하여 문장을 완성하세요.

〈보기〉	look	taste	smell	sound	feel
	cold	fresh	sour	tired	sad

1. 이 방은 차갑게 느껴진다.
   ➡ This room _____.

2. 너는 피곤해 보인다.
   ➡ You _____.

3. 그 채소들은 신선한 냄새가 난다.
   ➡ The vegetables _____.

4. 그 소식은 슬프게 들린다.
   ➡ The news _____.

5. 이 오렌지는 신맛이 난다.
   ➡ This orange _____.

📖 **A** building 건물 | beautiful 아름다운 | sweet 달콤한, 단 | scarf 스카프 | soft 부드러운 | voice 목소리

C 다음 밑줄 친 부분을 바르게 고치세요.

1. Fresh bread smells <u>greatly</u>.

   ➡

2. That dress looks <u>nicely</u>.

   ➡

3. The idea sounds <u>perfectly</u>.

   ➡

4. This cake tastes <u>deliciously</u>.

   ➡

5. They look <u>kindly</u>.

   ➡

6. Jake looked very <u>happily</u>.

   ➡

7. My hair feels <u>softly</u>.

   ➡

D 다음 빈칸에 들어갈 말로 알맞은 것은?

1. The story sounds _____.

   ① a movie   ② a lie   ③ greatly

   ④ interesting   ⑤ well

2. Your brother looks _____.

   ① kindly   ② nicely   ③ young

   ④ happily   ⑤ a student

E 다음 문장 중 바르지 <u>않은</u> 것은?

① That sounds good.

② This scarf feels warmly.

③ This food smells great.

④ That movie sounds boring.

⑤ The building looked old.

📖 **C** fresh 신선한 | bread 빵 | idea 생각, 아이디어 | perfectly 완벽하게 **D** lie 거짓말 | interesting 재미있는 young 젊은, 어린 **E** boring 지루한

F 다음 빈칸에 들어갈 말이 순서대로 짝지어진 것은?

1.
   - This orange juice _____ sweet.
   - The cake tastes _____.

   ① smells – chocolate ② tastes – delicious ③ tastes – chocolate
   ④ feels – deliciously ⑤ looks – deliciously

2.
   - The gloves _____ soft.
   - He looks _____.

   ① tastes – well ② feel – strangely ③ feel – greatly
   ④ sounds – great ⑤ feel – great

3.
   - The story _____ sad.
   - The pizza tastes _____.

   ① tastes – sweetly ② smell – sweetly ③ feels – badly
   ④ sounds – spicy ⑤ sound – badly

4.
   - That movie _____ good.
   - The news sounds _____.

   ① smells – well ② look – well ③ looks – bad
   ④ feel – badly ⑤ taste – bad

📖 **F** glove 장갑

Unit

06 3형식 (동사+명사)

Let's Think

우리말	**VS.**	영어

너는 ~을 원한다.
너는 아이스크림을 원한다.

You **want**. (×)
You **want ice cream**.

우리말에는 동사 '원하다'의
대상이 되는 말이 필요해.

영어에도 동사의 대상이 되는 말이
꼭 필요할 때가 있네!

 Find the Rule

A 다음 문장들의 굵은 글씨를 주의 깊게 살펴보세요. ▷

- We **like her**.
- He **knows me**.
- You **don't need it**.
- I **like summer**. `163`
- He **has curly hair**. `149`
- She **ate pizza**.
- They **played soccer**.

B 위 문장들의 굵은 글씨에 대한 설명으로 올바른 것을 <u>모두</u> 찾아 ☐ 안에 ✔ 하세요.

1. 동사 뒤에 명사나 대명사가 온다. ☐

2. 동사 뒤에 형용사가 혼자 올 수 있다. ☐

3. 인칭대명사는 her, me, it과 같은 목적격이 쓰였다. ☐

4. 동사 뒤에 오는 명사나 대명사를 '~을' 또는 '~를'로 해석하면 자연스럽다. ☐

📖 know 알다 | need 필요하다 | curly hair 곱슬머리

Apply the Rule

A 다음 문장들의 굵은 글씨를 주의 깊게 살펴보고, 앞에서 발견한 규칙이 바르게 적용되었는지 확인해 보세요.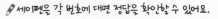

✏️ 세이펜은 각 번호에 대면 정답을 확인할 수 있어요.

01 I **have they**.

02 I **don't believe its**. `193`

03 I **want a pet dog**. `156`

04 We **know his brother**.

05 The store **sells fresh fruits**.

06 She **doesn't want milk**.

07 Jane and I **a cake made**.

08 My parents **watched a movie**.

09 They **some snacks ate**.

10 Tom **finished his homework**.

B 굵은 글씨가 문법상 바르지 <u>않은</u> 문장의 번호를 쓰고 틀린 부분을 바르게 고쳐 보세요.

	➡	➡
	➡	➡
	➡	➡
	➡	➡

Make Your Own

⭐ 괄호 안의 단어를 활용하여 문장을 완성하세요.

1. 그들은 축구를 한다. (soccer, play)

They ⬚ ⬚ .

2. 그 선생님은 우리를 아신다. (know)

The teacher ⬚ ⬚ .

01	I **have them**.	나는 그것들을 가지고 있다.
02	I **don't believe it**. `193`	나는 그것을 믿지 않는다.
03	I **want a pet dog**. `156`	나는 애완견을 원한다.
04	We **know his brother**.	우리는 그의 남동생을 안다.
05	The store **sells fresh fruits**.	그 가게는 신선한 과일을 판다.
06	She **doesn't want milk**.	그녀는 우유를 원하지 않는다.
07	Jane and I **made a cake**.	제인과 나는 케이크를 만들었다.
08	My parents **watched a movie**.	우리 부모님은 영화를 보셨다.
09	They **ate some snacks**.	그들은 약간의 간식을 먹었다.
10	Tom **finished his homework**.	톰은 숙제를 끝냈다.

Rule

- **3형식:** 동작의 대상이 되는 목적어가 꼭 필요한 문장을 3형식 문장이라고 해요. 목적어 자리에는 명사나 대명사가 오는데, 인칭대명사를 쓸 때는 목적격을 써야 해요. 목적어는 '～을/～를'로 해석해요.

주어＋동사＋목적어(명사)	주어＋동사＋목적어(대명사)
I like **summer**. 나는 **여름을** 좋아한다.	I have **it**. 나는 **그것을** 가지고 있다.
Jane and I made **a cake**. 제인과 나는 **케이크를** 만들었다.	You don't like **her**. 너는 **그녀를** 좋아하지 않는다.

Exercises

A 다음 문장에서 목적어에 ◯ 하세요.

1. I like soccer.

2. He studies math.

3. She broke the window.

4. They cleaned the room.

5. We ate dinner.

6. You helped her.

7. Tom wants some water.

8. The man sings a song.

B 다음 밑줄 친 부분을 바르게 고치세요.

1. I like he. ➡

2. They pizza had. ➡

3. Kevin didn't eat its. ➡

4. Mike called she. ➡

5. We a math exam have. ➡

6. She made they. ➡

7. My parents love I. ➡

8. He the piano plays. ➡

📖 **A** break 깨뜨리다   **B** math 수학 | exam 시험 | parents 부모

C 다음 ( ) 안에서 알맞지 <u>않은</u> 것을 고르세요.

1. He doesn't eat (fruits / free / spicy food).

2. She baked (bread / them / sweet).

3. I cleaned (my room / it / its).

4. My sister wants (new / this bag / a hat).

5. We need (scissors / your / them).

6. Tom washed (his hands / his dirty / his clothes).

7. They love (movies / music / we).

8. You know (she / us / the answer).

9. I don't have (a cup / money / funny).

10. Mary teaches (math / English / they).

D 주어진 말을 이용하여 우리말에 맞게 영작하세요.

1. 그들은 영어를 배운다. (English, learn)

➡

2. 그는 새 차를 원한다. (a new car, want)

➡

3. 그들은 오렌지 주스를 마신다. (drink, orange juice)

➡

4. 나는 의자를 옮겼다. (move, a chair)

➡

📖 **C** spicy 매운 | scissors 가위

E 다음 빈칸에 공통으로 들어갈 말로 알맞은 것은?

> • We enjoy _____ .
>
> • Tom loves _____ .

① they ② our ③ funny
④ movies ⑤ wonderful

F 다음 중 밑줄 친 부분이 바르지 <u>않은</u> 것은?

① She learns <u>Chinese</u>.
② I don't want <u>cookies</u>.
③ He needs <u>his glasses</u>.
④ We washed <u>our hands</u>.
⑤ They know <u>he</u>.

G 다음 중 문장 형식이 <u>다른</u> 하나는?

1. ① They solved the problem.
   ② Ben wore a blue shirt.
   ③ You speak English.
   ④ I have the book.
   ⑤ The idea sounds good.

2. ① The beach looks beautiful.
   ② He has some pencils.
   ③ The boy kicked the ball.
   ④ Amy plays the piano.
   ⑤ My mom made pizza.

📖 **E** wonderful 훌륭한 **F** Chinese 중국어 **G** solve 해결하다 ㅣ wear 입다 ㅣ kick (발로) 차다

Unit 07 4형식 (동사+명사+명사)

Let's Think

우리말	VS.	영어
나는 **사탕을** 주었다. 나는 그에게 **사탕을** 주었다.		I gave **candy**. I gave **him candy**.
우리말은 '…을' 앞에 '~에게'가 생겼어.		영어에도 목적어 candy 앞에 him이라는 목적어가 또 생겼네!

Find the Rule

Ⓐ 다음 문장들의 굵은 글씨를 주의 깊게 살펴보세요. ▷

- She **gave me a birthday gift**. 827
- You **showed us the picture**.
- We **bought him a book**.
- My friend **brought me my bag**.
- I **told my parents the truth**.
- We **made the teacher a card**.

Ⓑ 위 문장들의 굵은 글씨에 대한 설명으로 올바른 것을 <u>모두</u> 찾아 ☐ 안에 ✔ 하세요.

1. 동사 give, show, buy, bring, tell, make의 과거형이 쓰였다. ☐
2. 동사 뒤에는 (대)명사가 두 개씩 나온다. ☐
3. 대명사가 오는 경우 me, us, him과 같은 소유격 인칭대명사가 쓰인다. ☐
4. 동사 바로 뒤에 오는 (대)명사는 사람을 나타내며, '~에게'로 해석하는 것이 자연스럽다. ☐
5. 동사 뒤 두 번째 명사는 사물을 나타내며, '…을/…를'로 해석하는 것이 자연스럽다. ☐
6. 위 문장들은 모두 '~에게 …을/…를 (해)주다'로 해석하면 자연스럽다. ☐

📖 give 주다 | gift 선물 | show 보여 주다 | picture 사진; 그림 | buy 사 주다 | bring 가져오다
tell 말하다 | parents 부모 | truth 사실 | card 카드

Apply the Rule

Ⓐ 다음 문장들의 굵은 글씨를 주의 깊게 살펴보고, 앞에서 발견한 규칙이 바르게 적용되었는지 확인해 보세요.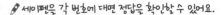

세이펜을 각 번호에 대면 정답을 확인할 수 있어요.

01 I **gave your my book**.

02 She **gave me a birthday gift**. 827

03 You **showed we the picture**.

04 Mike **showed his parents his grades**.

05 He **sent a letter her**.

06 I'll **tell you a secret**. 842

07 My mom **made me some soup**.

08 His uncle **brought him a bike**.

09 We **bought a hat him**.

10 They **bought their teacher flowers**.

Ⓑ 굵은 글씨가 문법상 바르지 <u>않은</u> 문장의 번호를 쓰고 틀린 부분을 바르게 고쳐 보세요.

	➡		➡	
	➡		➡	
	➡		➡	
	➡		➡	

Make Your Own

⭐ 괄호 안의 단어를 활용하여 문장을 완성하세요.

1. 너는 그녀에게 책을 주었다. (gave, the book)

You _____ _____ _____.

2. 그녀는 친구들에게 비밀을 말해주었다. (her friends, a secret, told)

She _____ _____ _____.

01	I **gave you my book**.	나는 너에게 내 책을 주었다.
02	She **gave me a birthday gift**. `827`	그녀는 나에게 생일 선물을 주었다.
03	You **showed us the picture**.	너는 우리에게 사진을 보여 주었다.
04	Mike **showed his parents his grades**.	마이크는 부모님께 성적을 보여 드렸다.
05	He **sent her a letter**.	그는 그녀에게 편지를 보냈다.
06	I'll **tell you a secret**. `842`	내가 너에게 비밀을 말해 줄게.
07	My mom **made me some soup**.	우리 엄마는 나에게 수프를 만들어 주셨다.
08	His uncle **brought him a bike**.	그의 삼촌은 그에게 자전거를 가져다주셨다.
09	We **bought him a hat**.	우리는 그에게 모자를 사 주었다.
10	They **bought their teacher flowers**.	그들은 선생님께 꽃을 사드렸다.

Rule

· **4형식:** 간접목적어와 직접목적어가 있는 문장을 4형식 문장이라고 하고, '～에게 …을/…를 (해)주다'라고 해석해요. 이때 두 목적어의 순서에 주의하세요.

| 주어 | **+** | 동사 | **+** | 간접목적어 (～에게) | **+** | 직접목적어 (…을/…를) |

· **목적어가 두 개 필요한 동사:** 다음과 같은 동사들은 4형식으로 자주 쓰여 뒤에 간접목적어와 직접목적어가 와요.

| **give** 주다 | **show** 보여 주다 | **send** 보내다 | **make** 만들다 |
| **tell** 말하다 | **buy** 사 주다 | **bring** 가져오다 | |

I **gave** you my book.
　　　　간접목적어　직접목적어
나는 너에게 내 책을 주었다.

You **showed** us the picture.
　　　　　　간접목적어　직접목적어
너는 우리에게 그 사진을 보여 주었다.

Exercises

A 다음 문장에서 각 목적어의 해석에 맞는 것을 쓰세요.

	~에게	…을/…를
1. My dad bought me new shoes.		
2. He brought her the book.		
3. I showed them my new dress.		
4. Mom gave us some juice.		
5. She made you a doll.		
6. He showed us a big picture.		

B 다음 ( ) 안에서 알맞지 <u>않은</u> 것을 고르세요.

1. I brought (his / them / my sister) the cookies.

2. She showed (us / my / them) her new bag.

3. My grandmother bought me (this pretty / the shoes / this dress).

4. He told us (a funny story / the secret / surprising).

5. Jenny gave (you / him / your) a pen.

6. You sent (your friend / he / Mary) some flowers.

7. Mom made us (some cookies / apple jam / very new).

8. They gave him many (presents / wonderful / letters).

📖 **A** juice 주스 **B** secret 비밀 | surprising 놀라운 | jam 잼 | wonderful 아주 멋진

C 다음 중 올바른 문장에는 ○, 틀린 문장에는 ✕ 하고 틀린 곳을 바르게 고치세요.

1. She showed I her cell phone.   ➡

2. Eric gave him girlfriend flowers.   ➡

3. I made them some tea.   ➡

4. She brought her friends some snacks.   ➡

5. The students told their teacher the truth.   ➡

6. Tim's parents him bought a computer.   ➡

7. The teacher showed my the test score.   ➡

8. You bought your sister an ice cream.   ➡

D 다음 문장에서 ( ) 안의 단어가 들어갈 위치를 고르세요.

1. (some medicine)   Mom ① brought ② me ③ .

2. (his computer)   He ① showed ② me ③ .

3. (her mother)   She ① made ② some coffee ③ .

4. (the child)   He ① bought ② an ice cream ③ .

5. (his jacket)   Ben ① gave ② you ③ .

6. (my cousin)   I sent ① a ② letter ③ .

7. (them)   He ① made ② a delicious pizza ③ .

📖 **C** cell phone 휴대폰 | girlfriend 여자친구 | tea (음료) 차 | snack 과자 | truth 사실 | test score 시험 점수
D medicine 약 | coffee 커피 | child 아이 | cousin 사촌 | delicious 맛있는

E 다음 우리말과 같은 뜻이 되도록 ( ) 안의 말을 바르게 배열하세요.

1. 나는 Jenny에게 내 방을 보여 주었다. (my room / showed / I / Jenny)

   ➡

2. Jake는 나에게 선물을 줬다. (Jake / me / gave / a present)

   ➡

3. 우리 아빠는 엄마에게 꽃을 사 주었다. (bought / my mom / flowers / my dad)

   ➡

4. Jane은 여동생에게 우유를 주었다. (gave / her sister / some milk / Jane)

   ➡

5. 우리는 그녀에게 카드를 만들어 주었다. (made / we / a card / her)

   ➡

6. 너는 그에게 거짓말을 했다. (told / you / him / a lie)

   ➡

F 다음 문장 중 바른 것은?

① He showed we his new hat.
② Mom made my a pancake.
③ She brought some candies us.
④ I gave Christmas cards they.
⑤ He bought her chocolate milk.

📖 **F** pancake 팬케이크 | candy 사탕 | Christmas 크리스마스 | chocolate 초콜릿 | milk 우유

Unit 08 주어 자리에 오는 것

Let's Think

| 우리말 | VS. | 영어 |

접시들이 부엌에 있다.

나는 감기에 걸렸다.

음악을 듣는 것은 내 취미이다.

우리말에는 '~은/~는/~이/~가'
자리에 여러 가지가 쓰일 수 있지.

Dishes are in the kitchen.

I have a cold.

Listening to music is my hobby.

영어에서도 주어 자리에
오는 것들이 여러 가지네!

Find the Rule

Ⓐ 다음 문장들의 굵은 글씨를 주의 깊게 살펴보세요. ▷

- **The cake** tastes sweet.
- **I** have a cold. `136`
- **This** is my friend. `002`
- **It**'s four o'clock. `093`
- **Beautiful flowers** are everywhere.
- **That boy** is my brother.
- **Many people** go camping.
- **Playing baseball** is fun.

Ⓑ 위 문장들의 굵은 글씨에 대한 설명으로 올바른 것을 <u>모두</u> 찾아 ☐ 안에 ✔ 하세요.

1. 주어 자리에 쓰여 '~은/~는/~이/~가'로 해석되며, 바로 뒤에 동사가 온다. ☐

2. cake, flowers, boy, people은 명사이다. ☐

3. I는 주격 인칭대명사이고, This는 지시대명사로 쓰였다. ☐

4. It은 시간, 날씨, 요일 등을 나타낼 때 쓰는 비인칭 주어이다. ☐

5. Playing은 to부정사이다. ☐

6. 주어가 단수이면 동사도 단수로 쓰고, 주어가 복수면 동사도 복수로 쓴다. ☐

📖 have a cold 감기에 걸리다 | beautiful 아름다운 | everywhere 모든 곳에 | go camping 캠핑을 가다

Apply the Rule

A 다음 문장들의 굵은 글씨를 주의 깊게 살펴보고, 앞에서 발견한 규칙이 바르게 적용되었는지 확인해 보세요.

✏️ 세이펜을 각 번호에 대면 정답을 확인할 수 있어요.

01 **Babies** are so cute.

02 **The cake** tastes sweet.

03 **Him** is in the bathroom.   065

04 **That**'s true.   010

05 **It**'s so hot today.

06 **My sisters** was sick last night.

07 **Beautiful flowers** are everywhere.

08 **These shoe** are new.

09 **Many people** go camping.

10 **Tell lies** is wrong.

B 굵은 글씨가 문법상 바르지 <u>않은</u> 문장의 번호를 쓰고 틀린 부분을 바르게 고쳐 보세요.

Make Your Own

⭐ 괄호 안의 단어를 활용하여 문장을 완성하세요.

1. 저 쿠키들은 맛있어 보인다. (cookies, look)

　　　　　　　　　　　　　　　　delicious.

2. 내 친구는 초콜릿을 좋아하지 않는다. (friend, like)

　　　　　　　　　　　　　　　　chocolate.

01	**Babies** are so cute.	아기들은 정말 귀엽다.
02	**The cake** tastes sweet.	그 케이크는 단맛이 난다.
03	**He** is in the bathroom. **065**	그는 화장실에 있다.
04	**That**'s true. **010**	그것은 사실이다.
05	**It**'s so hot today.	오늘은 정말 덥다.
06	**My sister** was sick last night.	내 여동생은 어젯밤에 아팠다.
07	**Beautiful flowers** are everywhere.	아름다운 꽃들이 모든 곳에 있다.
08	**These shoes** are new.	이 신발은 새것이다.
09	**Many people** go camping.	많은 사람이 캠핑을 간다.
10	**Telling lies** is wrong.	거짓말을 하는 것은 옳지 않다.

Rule 1

• **주어 자리에 오는 것:** 주어는 문장에서 주인 역할을 하며, 명사, 대명사, 동명사 등이 올 수 있어요. 이때 명사는 형용사나 소유격 대명사(my, your, his, our ...) 등의 꾸밈을 받을 수 있어요.

명사	셀 수 있는 명사: **flower, boy, person, baby, sister, shoe, friend, dish, box** 등 (▶GRAMMAR 1 Unit 01)
	셀 수 없는 명사: **cake, milk, water, time, salt, Sam, Seoul, love, music** 등 (▶GRAMMAR 1 Unit 02)
대명사	주격 인칭대명사: **I, you, we, he, she, it, they** (▶GRAMMAR 1 Unit 04)
	지시대명사: **this, that, these, those** (▶GRAMMAR 1 Unit 06)
동명사	**Telling lies** is wrong. (▶Unit 01)

Rule 2

• **주어 – 동사의 수:** 동사의 단수/복수 형태는 주어의 인칭과 수에 따라 알맞게 써야 해요. 특히, 주어가 동명사일 때 동사는 반드시 단수 형태로 쓰는 것에 주의하세요.

단수 명사 주어 셀 수 없는 명사 주어	**+ 단수 동사** (does, likes, goes 등)
복수 명사 주어	**+ 복수 동사** (do, like, go 등)
동명사 주어	**+ 단수 동사**

Exercises

A 다음 중 주어 자리에 올 수 <u>없는</u> 것은?

1. ① vegetables ② riding a bike ③ sing a song
④ it ⑤ my hand

2. ① many kids ② like ③ those boxes
④ wearing a cap ⑤ an elephant

3. ① safe ② Sara ③ many students
④ that girl ⑤ pens

4. ① Tom and Amy ② these cups ③ the tall man
④ studying math ⑤ do my homework

B 다음 문장에서 주어에 ○ 하세요.

1. It is mine.

2. She is my mother.

3. His school begins at 9 o'clock.

4. This bag is not heavy.

5. My family have breakfast every day.

6. The garden is beautiful.

7. Reading is Mike's hobby.

8. Ben and his friend carried those boxes.

9. Many students like the teacher.

10. Those are Jane's books.

📖 **A** vegetable 채소 | safe 안전한 | math 수학 **B** heavy 무거운 | garden 정원 | hobby 취미 | carry 옮기다

C 다음 우리말과 같은 뜻이 되도록 ( ) 안의 말을 바르게 배열하세요.

1. 그 문은 열려있다. (open / the door / is)

➡

2. 이 신발은 Jake의 것이다. (these / are / Jake's / shoes)

➡

3. 그들은 교실을 청소하고 있다. (are cleaning / they / the classroom)

➡

4. 수영은 좋은 운동이다. (is / great exercise / swimming)

➡

5. 그 학생들은 버스를 탈 것이다. (will take / a bus / the students)

➡

D 다음 빈칸에 들어갈 말로 알맞은 것은?

1. _____ are very good.

① This   ② She   ③ Her
④ These   ⑤ Reading

2. _____ is my hobby.

① Those   ② Ride a bike   ③ Baking
④ Cook   ⑤ Draw a picture

3. _____ likes pizza.

① Tom's sisters   ② My parents   ③ Nick and I
④ We   ⑤ He

📖 **D** bake (음식을) 굽다 | cook 요리하다 | draw 그리다 | parents 부모

E 다음 중 올바른 문장에는 ○, 틀린 문장에는 × 하고 틀린 곳을 바르게 고치세요.

1. This shirt look nice. ➡

2. Play soccer is fun. ➡

3. Her pencil case is blue. ➡

4. Kate and her sister is waiting for dinner. ➡

5. My dad washes his car on Sunday. ➡

6. Biting your nails are a bad habit. ➡

7. Elephants has big ears. ➡

F 다음 빈칸에 들어갈 말로 알맞지 <u>않은</u> 것은?

1. _____ is her favorite sport.

① Baseball　　　② Basketball　　　③ Soccer
④ Play tennis　　⑤ Tennis

2. _____ doesn't have money.

① The man　　　② This new　　　③ The girl
④ Everyone　　　⑤ That boy

3. _____ is fun.

① Watching TV　　② The movie　　③ These books
④ It　　　　　　　⑤ This game

📖 **E** shirt 셔츠 | pencil case 필통 | wait for ～을 기다리다 | bite 깨물다 | nail 손톱 | habit 습관
　　F sport 스포츠, 운동 | baseball 야구 | basketball 농구 | tennis 테니스 | everyone 모든 사람

09 보어 자리에 오는 것

Let's Think

우리말	**VS.**	영어
그들은 학생이다. 나는 행복하다.		They are **students**. I feel **happy**.
우리말에는 주어를 설명해 주는 자리에 '학생'이나 '행복하다'라는 말이 쓰이지.		영어에는 명사 student와 형용사 happy가 쓰이네!

 Find the Rule ◆

Ⓐ 다음 문장들의 굵은 글씨를 주의 깊게 살펴보세요. ▷

- They are **students**.
- My best friend is **Sam**.
- She is **my sister**. `055`
- My T-shirt is **dirty**.
- The oranges are **sweet**.
- I was **surprised**. `332`
- She feels **happy**.

Ⓑ 위 문장들의 굵은 글씨에 대한 설명으로 올바른 것을 <u>모두</u> 찾아 ☐ 안에 ✔ 하세요.

1. be동사나 feel과 같은 감각동사 뒤에 온다. ☐
2. 주어의 신분, 이름, 상태, 기분 등에 관해 설명해 주고 있다. ☐
3. students, Sam, sister는 사물이나 사람의 이름을 나타내는 명사이다. ☐
4. dirty, sweet, surprised, happy는 상태나 기분을 나타내는 형용사이다. ☐

📖 best friend 가장 친한 친구 | T-shirt 티셔츠 | dirty 더러운 | orange 오렌지 | sweet 단, 달콤한
surprised 놀란

Apply the Rule

Ⓐ 다음 문장들의 굵은 글씨를 주의 깊게 살펴보고, 앞에서 발견한 규칙이 바르게 적용되었는지 확인해 보세요.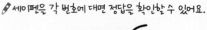

01 Jack and Ben **students are**.

02 It's **a difficult problem**.

03 My best friend **Sam is**.

04 She is **my sister**. 055

05 The oranges are **sweet**.

06 The story is not **truly**.

07 These cookies are **so delicious**.

08 I feel **so hungry**.

09 His voice sounds **sadly**.

10 You look **really great**.

✏️ 세이펜을 각 번호에 대면 정답을 확인할 수 있어요.

Ⓑ 굵은 글씨가 문법상 바르지 <u>않은</u> 문장의 번호를 쓰고 틀린 부분을 바르게 고쳐 보세요.

	➡		➡	
	➡		➡	
	➡		➡	
	➡		➡	

Make Your Own

⭐ 다음 우리말과 같은 뜻이 되도록 괄호 안에서 알맞은 것을 골라 문장을 완성하세요.

1. 나의 부모님은 지난 주말에 바쁘셨다. (busy / busily)

My parents ＿＿＿＿＿ ＿＿＿＿＿ last weekend.

2. 그 이야기는 재미있게 들린다. (funny / funnily)

The story ＿＿＿＿＿ ＿＿＿＿＿.

01 Jack and Ben are **students**.   잭과 벤은 학생이다.

02 It's **a difficult problem**.   그것은 어려운 문제이다.

03 My best friend is **Sam**.   내 가장 친한 친구는 샘이다.

04 She is **my sister**. `055`   그녀는 내 여동생이다.

05 The oranges are **sweet**.   그 오렌지들은 달다.

06 The story is not **true**.   그 이야기는 사실이 아니다.

07 These cookies are **so delicious**.   이 쿠키들은 정말 맛있다.

08 I feel **so hungry**.   나는 정말 배가 고프다.

09 His voice sounds **sad**.   그의 목소리가 슬프게 들린다.

10 You look **really great**.   너는 정말 멋져 보인다.

Rule

- **보어 자리에 오는 것:** 보어는 보충해서 설명하는 말이에요. 보어 자리에는 명사, 형용사 등이 올 수 있어요. 명사 보어는 형용사(new, this, many ...)나 소유격 대명사(my, his, our ...) 등의 꾸밈을 받을 수 있고, 형용사 보어는 부사(so, really, very ...)의 꾸밈을 받을 수 있어요.

명사	셀 수 있는 명사: **student**, **problem**, **sister**, **dish**, **box**, **story**, **day**, **bus**, **child** 등 (▶GRAMMAR 1 Unit 01)
	셀 수 없는 명사: **milk**, **water**, **time**, **salt**, **Sam**, **Seoul**, **love**, **music** 등 (▶GRAMMAR 1 Unit 02)
형용사	**dirty**, **sweet**, **surprised**, **happy** 등 *감각동사 look, feel, sound, smell, taste의 보어 자리에는 형용사만 올 수 있어요. (▶Unit 05)

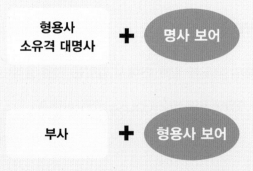

형용사
소유격 대명사 **+** 명사 보어

부사 **+** 형용사 보어

Exercises

A 다음 문장에서 보어에 ○ 하고, 명사와 형용사 중 해당하는 것을 고르세요.

1. That is her book. ☐ 명사 ☐ 형용사
2. My dad looks busy. ☐ 명사 ☐ 형용사
3. They are my dogs. ☐ 명사 ☐ 형용사
4. This bread smells sweet. ☐ 명사 ☐ 형용사
5. This tea tastes good. ☐ 명사 ☐ 형용사
6. The book is boring. ☐ 명사 ☐ 형용사
7. The animal is a lion. ☐ 명사 ☐ 형용사
8. His voice sounds sad. ☐ 명사 ☐ 형용사
9. You are a nurse. ☐ 명사 ☐ 형용사
10. The water feels warm. ☐ 명사 ☐ 형용사

B 다음 ( ) 안에서 알맞은 것을 고르세요.

1. These pants look (short / shortly).
2. The dinner was (deliciously / delicious).
3. The soup smells (great / greatly).
4. This sweater feels (softly / soft).
5. Jake looks (sleep / sleepy).
6. The questions were (easy / easily).

📖 **A** busy 바쁜 | parents 부모 | bread 빵 | tea (음료) 차 | boring 지루한 | animal 동물 | nurse 간호사
warm 따뜻한　**B** pants 바지 | dinner 저녁 식사 | soup 수프 | sweater 스웨터 | question 문제

1. 이 국수는 매운맛이 난다.

➡ The noodles _____ _____ .

2. 그 남자아이는 내 친구이다.

➡ The boy _____ _____ _____ .

3. 그녀의 스카프는 부드러운 느낌이 난다.

➡ Her scarf _____ _____ .

4. 나의 언니는 키가 크다.

➡ My sister _____ _____ .

5. 그 노래는 아름답게 들린다.

➡ The song _____ _____ .

D 다음 중 올바른 문장에는 ○, 틀린 문장에는 ✕ 하고 틀린 곳을 바르게 고치세요.

1. The cake looks delicious.   ➡

2. These are my pens.   ➡

3. My friends are kindly.   ➡

4. The idea sounds great.   ➡

5. The news was badly.   ➡

6. These flowers smell nicely.   ➡

📖 **D** pen 펜 ｜ idea 생각, 아이디어 ｜ news 소식, 뉴스

E 다음 우리말과 같은 뜻이 되도록 ( ) 안의 말을 바르게 배열하세요.

1. 나의 엄마는 선생님이시다. (is / my mom / a teacher)

➡

2. 그 아이스크림은 좋은 맛이 난다. (good / tastes / the ice cream)

➡

3. 그 영화는 재미있었다. (was / interesting / the movie)

➡

4. 그 학생들은 매우 피곤해 보인다. (so tired / look / the students)

➡

5. 너는 용감했다. (you / brave / were)

➡

F 다음 빈칸에 들어갈 말이 순서대로 짝지어진 것은?

• Jenny looks _____ .
• The music sounds _____ .
• The answer was _____ .

① sadly – beautifully – differently
② sadly – beautiful – different
③ sad – beautifully – different
④ sad – beautiful – different
⑤ sad – beautifully – differently

📖 **F** music 음악 | answer 답 | beautifully 아름답게 | differently 다르게, 같지 않게 | beautiful 아름다운 different 다른

Unit 10

목적어 자리에 오는 것

Let's Think

우리말	VS.	영어
토끼는 **긴 귀를** 가지고 있다.		Rabbits have **long ears**.
나는 **그녀를** 좋아한다.		I like **her**.
그는 **TV 보기를** 원한다.		He wants **to watch TV**.

우리말에는 '~을/~를'자리에 여러 가지가 쓰일 수 있지.

영어에서도 목적어 자리에 오는 것들이 여러 가지네!

Find the Rule

Ⓐ 다음 문장들의 굵은 글씨를 주의 깊게 살펴보세요. ▷

- I like **weekends**. 175
- We know **him**.
- I want **a new bike**. 157
- We saw **this movie** last week.
- She gave **me a birthday present**. 827
- She enjoys **reading books**.
- I like **to travel**. 689
- I want **to eat pizza**. 661

Ⓑ 위 문장들의 굵은 글씨에 대한 설명으로 올바른 것을 <u>모두</u> 찾아 ☐ 안에 ✔ 하세요.

1. 동사 like, know, want, see, give, enjoy 앞에 온다. ☐
2. 목적어 자리에 쓰여 '~을/~를' 또는 '~에게'로 해석된다. ☐
3. weekend, bike, movie, present는 명사이다. ☐
4. him과 me는 목적어 자리에 쓰이는 목적격 인칭대명사이다. ☐
5. reading은 동명사이다. ☐
6. to travel과 to eat은 to부정사이다. ☐

📖 weekend 주말 | last week 지난주 | birthday present 생일 선물 | travel 여행하다

Apply the Rule

Ⓐ 다음 문장들의 굵은 글씨를 주의 깊게 살펴보고, 앞에서 발견한 규칙이 바르게 적용되었는지 확인해 보세요. ▷

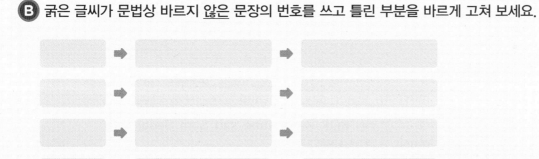

🖊 세이펜은 각 번호에 대면 정답을 확인할 수 있어요.

01 I like **animals**. `162`

02 Jane saw **he** yesterday.

03 Tom made **this**.

04 We visited **a famous museum**.

05 He knows **my sister**.

06 She gave **my a birthday present**. `827`

07 Mike and I enjoy **riding bikes**.

08 Mom finished **do the dishes**.

09 I wanted **buy that**. `681`

10 We hope **to see you** soon.

Ⓑ 굵은 글씨가 문법상 바르지 <u>않은</u> 문장의 번호를 쓰고 틀린 부분을 바르게 고쳐 보세요.

	➡		➡	
	➡		➡	
	➡		➡	
	➡		➡	

Make Your Own

⭐ 괄호 안의 단어를 활용하여 문장을 완성하세요.

1. 그녀는 매일 피아노를 연주한다. (play, the piano)

　She _____ _____ every day.

2. 그들은 집에 가기를 원한다. (want, go)

　They _____ _____ home.

01	I like **animals**. (162)	나는 동물을 좋아한다.
02	Jane saw **him** yesterday.	제인은 어제 그를 보았다.
03	Tom made **this**.	톰은 이것을 만들었다.
04	We visited **a famous museum**.	우리는 유명한 박물관을 방문했다.
05	He knows **my sister**.	그는 내 여동생을 안다.
06	She gave **me a birthday present**. (827)	그녀는 나에게 생일 선물을 주었다.
07	Mike and I enjoy **riding bikes**.	마이크와 나는 자전거 타는 것을 즐긴다.
08	Mom finished **doing the dishes**.	엄마는 설거지하는 것을 끝내셨다.
09	I wanted **to buy that**. (681)	나는 저것을 사기를 원했다.
10	We hope **to see you** soon.	우리는 곧 너를 보기를 바란다.

Rule

- **목적어 자리에 오는 것:** 목적어는 문장에서 동사가 나타내는 동작의 대상이 되는 말이에요. 명사, 대명사, 동명사, to부정사 등이 올 수 있어요. 이때 명사는 형용사나 소유격 대명사(my, his, our ...) 등의 꾸밈을 받을 수 있어요.

명사	셀 수 있는 명사: **weekend, bike, movie, present, animal, museum, sister, day, bus, child** 등 (▶GRAMMAR 1 Unit 01)
	셀 수 없는 명사: **milk, water, time, salt, Sam, Seoul, love, music** 등 (▶GRAMMAR 1 Unit 02)
대명사	목적격 인칭대명사: **me, you, us, him, her, it, them** (▶GRAMMAR 1 Unit 05)
	지시대명사: **this, that, these, those** (▶GRAMMAR 1 Unit 06)
동명사	동사 **enjoy/finish/keep/start/begin/like/love/hate** 등의 목적어 (▶Unit 02)
to부정사	동사 **want/need/hope/try/plan/start/begin/like/love/hate** 등의 목적어 (▶Unit 03)

Exercises

A 다음 문장에서 목적어에 모두 ○ 하세요.

1. I like him.

2. She bought a bag.

3. My dog loves to sleep.

4. Tom and I ate some bread.

5. I like to play soccer.

6. My father reads the newspaper every day.

7. She told me a secret.

8. I found my notebook in the bag.

9. She began to sing.

10. I met John at the bus stop.

B 빈칸에 들어갈 수 있는 말을 모두 고르세요.

I like _____.

① them   ② run

③ pretty   ④ to play the violin

⑤ talking to friends   ⑥ ice cream

⑦ John   ⑧ my sister

⑨ kindly   ⑩ traveling

📖 **A** newspaper 신문 ｜ every day 매일 ｜ secret 비밀 ｜ find 찾다 ｜ notebook 공책 ｜ begin 시작하다 ｜ bus stop 버스 정류장 **B** pretty 예쁜 ｜ kindly 친절하게 ｜ travel 여행하다

C 다음 중 목적어가 쓰인 문장에 ✓ 하세요.

1. I want some water. ☐

2. He was sick yesterday. ☐

3. I showed her my picture. ☐

4. We study English. ☐

5. She is a nurse. ☐

6. We had lunch together. ☐

7. I finished reading the book. ☐

8. I decided to exercise. ☐

D 다음 우리말과 같은 뜻이 되도록 〈보기〉에서 알맞은 것을 골라 문장을 완성하세요.

| 〈보기〉 | to cry | a bicycle | her |
| | learning | me | English |

1. 나는 그녀를 도왔다.
➡ I helped _____ .

2. 엄마는 나에게 자전거를 사 주셨다.
➡ My mom bought _____ _____ .

3. 아기는 울기 시작했다.
➡ The baby began _____ .

4. 우리는 영어를 배우는 것을 즐긴다.
➡ We enjoy _____ _____ .

📖 **C** sick 아픈 | yesterday 어제 | show 보여 주다 | nurse 간호사 | have 먹다 | lunch 점심 | together 함께
finish 끝내다 | decide 결정하다 | exercise 운동하다

E 다음 문장에서 ( ) 안의 말이 들어갈 위치를 고르세요.

1. (snakes)　　　① I ② hate ③ .

2. (dancing)　　① We ② practiced ③ .

3. (a picture)　　He ① showed ② me ③ .

4. (my teacher)　I ① gave ② a pink rose ③ .

5. (to watch)　　I ① want ② a movie ③ .

F 다음 우리말과 같은 뜻이 되도록 ( ) 안의 말을 바르게 배열하세요.

1. 그들은 축구 경기를 봤다. (watched / they / a soccer game)

➡

2. 그녀는 편지를 썼다. (a letter / she / wrote)

➡

3. 그는 바다에서 수영하는 것을 좋아한다. (likes / to swim / in the sea / he)

➡

4. 엄마는 나에게 쿠키를 조금 만들어 주셨다. (some cookies / mom / me / made)

➡

5. 나는 그를 만나기를 바란다. (I / to meet / him / hope)

➡

6. Jane은 숙제하는 것을 끝냈다. (doing / Jane / her homework / finished)

➡

📖 **E** snake 뱀 | hate 싫어하다 | practice 연습하다 | rose 장미 | watch 보다

Unit 11 부가의문문

Let's Think

우리말	**VS.**	영어

그녀는 바쁘지 않아, **그렇지?**

– 아니, 그래(= 바빠).

우리말에는 무언가를 말하고 나서 '그렇지?'라고 덧붙여 물을 때가 있지.

She isn't busy, **is she?**

– **Yes, she is.**

영어에도 같은 말이 있는데, 대답이 우리말과 다르네!

Find the Rule

Ⓐ 다음 문장들의 굵은 글씨를 주의 깊게 살펴보세요. ▷

- **You are** angry, **aren't you?**
- **They want** some ice cream, **don't they?**
- **The food was** very delicious, **wasn't it?**
- **That girl isn't** your sister, **is she?**
- **She doesn't like** math, **does she?**
- **The men didn't clean** the windows, **did they?**
- **The kids can't watch** TV now, **can they?**

Ⓑ 위 문장들에 대한 설명으로 올바른 것을 <u>모두</u> 찾아 ☐ 안에 ✔ 하세요.

1. 쉼표(,) 뒤에 덧붙여진 표현들은 물음표가 있는 의문문이다. ☐

2. 긍정문 뒤에는 부정의 의문문이 오고, 부정문 뒤에는 긍정의 의문문이 온다. ☐

3. 부정을 나타내는 의문문은 동사와 not을 줄여 쓰지 않는다. ☐

4. 의문문의 주어는 문장의 주어에 따라 알맞은 대명사로 바꾸어 쓴다. ☐

5. 앞에 be동사가 쓰이면 의문문에도 be동사를, 조동사가 쓰이면 의문문에도 조동사를 쓴다. ☐

6. 앞에 일반동사가 쓰이면 의문문에서는 do/does/did로 바뀐다. ☐

7. 앞 내용이 현재형이면 의문문도 현재형, 과거형이면 의문문도 과거형으로 쓴다. ☐

Apply the Rule

Ⓐ 다음 문장들의 굵은 글씨를 주의 깊게 살펴보고, 앞에서 발견한 규칙이 바르게 적용되었는지 확인해 보세요. ▷

01　It is your pencil, **isn't it?**

02　We were very lucky, **weren't we?**

03　The boys like sports, **don't the boys?**

04　He had lunch with her, **did not he?**

05　The girl can swim, **can't she?**

06　You aren't hungry, **are you?**

07　He wasn't sick, **is he?**

08　Mary doesn't live near here, **does she?**

09　They didn't break the window, **didn't they?**

10　You can't play the guitar, **can you?**

*✐ 세이펜을 각 번호에 대면 정답을 확인할 수 있어요.

Ⓑ 굵은 글씨가 문법상 바르지 <u>않은</u> 문장의 번호를 쓰고 틀린 부분을 바르게 고쳐 보세요.

```
┌─────────┐      ┌─────────┐      ┌─────────┐
│         │  ➡  │         │  ➡  │         │
└─────────┘      └─────────┘      └─────────┘

┌─────────┐      ┌─────────┐      ┌─────────┐
│         │  ➡  │         │  ➡  │         │
└─────────┘      └─────────┘      └─────────┘

┌─────────┐      ┌─────────┐      ┌─────────┐
│         │  ➡  │         │  ➡  │         │
└─────────┘      └─────────┘      └─────────┘

┌─────────┐      ┌─────────┐      ┌─────────┐
│         │  ➡  │         │  ➡  │         │
└─────────┘      └─────────┘      └─────────┘
```

Make Your Own

⭐ 빈칸에 들어갈 알맞은 말을 넣어 문장을 완성하세요.

1. 그 박물관은 월요일에 문을 닫아, 그렇지 않니?

　　The museum closes on Monday, [＿＿＿] [＿＿＿]?

2. 너의 개들은 크지 않아, 그렇지?

　　Your dogs are not big, [＿＿＿] [＿＿＿]?

Check the Rule Again

01	**It is** your pencil, **isn't it?**	그것은 너의 연필이야, 그렇지 않니?
02	**We were** very lucky, **weren't we?**	우리는 정말 운이 좋았어, 그렇지 않니?
03	**The boys like** sports, **don't they?**	그 남자아이들은 운동을 좋아해, 그렇지 않니?
04	**He had** lunch with her, **didn't he?**	그는 그녀와 점심을 먹었어, 그렇지 않니?
05	**The girl can** swim, **can't she?**	그 여자아이는 수영할 수 있어, 그렇지 않니?
06	**You aren't** hungry, **are you?**	너는 배고프지 않아, 그렇지?
07	**He wasn't** sick, **was he?**	그는 아프지 않았어, 그렇지?
08	**Mary doesn't** live near here, **does she?**	메리는 여기 근처에서 살지 않아, 그렇지?
09	**They didn't** break the window, **did they?**	그들은 창문을 깨지 않았어, 그렇지?
10	**You can't** play the guitar, **can you?**	너는 기타를 연주할 수 없어, 그렇지?

Rule 1

· 부가의문문: 문장 마지막에 덧붙이는 표현으로, 상대방에게 어떤 사실을 확인하거나 동의를 구할 때 사용해요.

부가의문문	
긍정문 뒤	부정형 부가의문문: **동사 + not + 주어?** isn't, don't와 같이 동사와 not은 항상 줄여 씀.
부정문 뒤	긍정형 부가의문문: **동사 + 주어?**
주어	항상 대명사로 쓰며, 앞 내용의 주어가 명사이면 알맞은 대명사로 바꿈.
동사	be동사와 조동사는 그대로 쓰고, 일반동사는 수와 시제에 맞게 do/does/did로 바꿈.

Rule 2

· 부가의문문에 대한 대답: 부가의문문의 내용과 상관없이 대답이 긍정이면 Yes, 부정이면 No로 해요. 앞 문장이 부정일 때, 부가의문문의 대답을 반대로 해석하는 것에 주의하세요.

부가의문문	대답
It is your pencil, **isn't it?** 이것은 네 연필이야, 그렇지 않니?	**Yes, it is.** 응, 내 것이야. **No, it isn't.** 아니, 내 것이 아니야.
You aren't hungry, **are you?** 너는 배고프지 않아, 그렇지?	**Yes, I am.** 아니, 배고파. **No, I'm not.** 응, 배고프지 않아.

Exercises

A 다음 ( ) 안에서 알맞은 것을 고르세요.

1. You were at the store yesterday, (weren't you / were you)?

2. John is behind me, (is he / isn't he)?

3. They didn't have dinner together, (didn't they / did they)?

4. We can't go on a picnic tomorrow, (can't we / can we)?

5. Tom and James are not brothers, (aren't they / are they)?

6. Her mother went to the park yesterday, (didn't she / did she)?

7. He doesn't speak Japanese, (doesn't he / does he)?

B 다음 질문에 알맞은 대답을 빈칸에 써보세요.

1. She has a little brother, doesn't she?　　➡ No, _____.

2. They don't know the answer, do they?　　➡ Yes, _____.

3. It wasn't her idea, was it?　　➡ No, _____.

4. It rained this morning, didn't it?　　➡ Yes, _____.

5. You weren't angry, were you?　　➡ No, _____.

6. They already left, didn't they?　　➡ No, _____.

7. He can't run fast, can he?　　➡ Yes, _____.

8. She isn't your teacher, is she?　　➡ Yes, _____.

📖 **A** store 가게, 상점 | behind ~뒤에 | go on a picnic 소풍 가다 | park 공원 | Japanese 일본어
　　B answer 답 | idea 생각, 아이디어 | rain 비가 오다 | this morning 오늘 아침에

C 다음 밑줄 친 부분을 바르게 고치세요.

1. Tina went home early, <u>wasn't</u> she?　➡

2. You <u>can</u> ride a bike, can you?　➡

3. He <u>called</u> his mom, did he?　➡

4. The baby cries a lot, <u>isn't</u> he?　➡

5. We were at the movie theater, <u>were</u> we?　➡

6. The girl is ready for the test, isn't <u>he</u>?　➡

7. We don't have homework today, <u>did</u> we?　➡

8. The shoes are not yours, are <u>the shoes</u>?　➡

9. You <u>liked</u> Jane, don't you?　➡

10. The children <u>didn't stay</u> here, didn't they?　➡

D 다음 문장에 알맞은 부가의문문을 연결하세요.

1. His bag is new,　　　　　　　　　a. didn't they?

2. You didn't bring my book,　　　　b. is it?

3. We were wrong about him,　　　　c. isn't it?

4. Mike doesn't like Lisa,　　　　　d. can she?

5. They ran to school,　　　　　　　e. did you?

6. It isn't your pen,　　　　　　　　f. weren't we?

7. She can't go out tonight,　　　　g. does he?

📖 **C** early 일찍 | movie theater 영화관 | ready for ~에 대해 준비가 된 | stay 머물다　**D** bring 가져오다
wrong 틀린 | tonight 오늘 밤

E 다음 밑줄 친 부분이 바른 것은?

① They didn't come in, <u>do they</u>?

② It is not your cat, <u>is the cat</u>?

③ Amy and John like dance music, <u>doesn't she</u>?

④ Your brother has short hair, <u>doesn't he</u>?

⑤ We studied hard, <u>don't we</u>?

F 다음 빈칸에 알맞은 부가의문문과 대답을 쓰세요.

1. A: Tom and Jenny are in the same class, _____?

   B: Yes, _____.

2. A: That hat is hers, _____?

   B: No, _____.

3. A: Your sister can speak French, _____?

   B: Yes, _____.

4. A: You don't want milk, _____?

   B: No, _____.

5. A: Ben ate pizza at home, _____?

   B: Yes, _____.

6. A: They were not late for school, _____?

   B: No, _____.

📖 **E** hard 열심히   **F** French 프랑스어 | late for ∼에 늦은, 지각한

Unit 12 접속사 and/but/or

Let's Think

| 우리말 | **VS.** | 영어 |

나는 과일과 채소를 좋아해.
그녀는 예쁘지만 게을러.

우리말은 '~와/과', '~지만'이 단어
뒤에 붙어서 다른 단어와 연결되지.

I like fruit **and** vegetables.
She is pretty **but** lazy.

영어는 and와 but이 단어와 단어
사이에서 연결해 주네!

Find the Rule

A 다음 문장들의 굵은 글씨를 주의 깊게 살펴보세요. ▷

- **Tom and Jake** are my friends.
- I'm **hungry and thirsty**.
- This bag is **big but light**.
- My mom drinks **coffee or tea**.
- I **stayed** at home **and watched** TV.
- **I play** the guitar, **and my sister plays** the piano.
- **She likes** baseball, **but her brother likes** soccer.
- **You can stay** home, or **you can go** out.

B 위 문장들에 대한 설명으로 올바른 것을 <u>모두</u> 찾아 ☐ 안에 ✔ 하세요.

1. and, but, or가 단어와 단어 또는 문장과 문장을 연결해 준다. ☐

2. Tom과 Jake, hungry와 thirsty 같이 비슷한 내용의 단어들 사이에는 and가 온다. ☐

3. big과 light 같이 서로 반대되는 내용의 단어들 사이에는 but이 온다. ☐

4. coffee와 tea 같이 비슷한 내용이지만 두 개 중 하나만 선택할 때는 and가 온다. ☐

5. and, but, or는 명사와 명사, 형용사와 형용사, 동사와 동사처럼 서로 같은 종류의 말을 연결한다. ☐

📖 thirsty 목이 마른 | light 가벼운 | healthy 건강한 | guitar 기타

Apply the Rule

Ⓐ 다음 문장들의 굵은 글씨를 주의 깊게 살펴보고, 앞에서 발견한 규칙이 바르게 적용되었는지 확인해 보세요.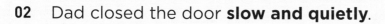

01　**Tom or Jake** are in the same class.

02　Dad closed the door **slow and quietly**.

03　I like **apples, bananas, and grapes**.

04　This bag is **big but light**.

05　My mom drinks **coffee or tea** after lunch.

06　Which animal do you like, **dogs and cats**?

07　I **do** Taekwondo **and play** the piano after school.

08　I usually **read** books **or listening** to music.

09　**She did** the dishes, **and I helped** her.

10　**Amy likes** spicy food, **but Ben doesn't like** it.

*세이펜을 각 번호에 대면 정답을 확인할 수 있어요.

Ⓑ 굵은 글씨가 문법상 바르지 <u>않은</u> 문장의 번호를 쓰고 틀린 부분을 바르게 고쳐 보세요.

	➡		➡	
	➡		➡	
	➡		➡	
	➡		➡	

Make Your Own

★ 괄호 안의 단어를 활용하여 문장을 완성하세요.

1. 그 호수는 깨끗하고 아름답다. (clean, beautiful)

The lake is _____ _____ _____ .

2. Ben은 키가 크지만, 그의 형은 키가 작다. (tall, short)

Ben is _____ , _____ his brother is _____ .

Check the Rule Again

01	**Tom and Jake** are in the same class.	톰과 제이크는 같은 반이다.
02	Dad closed the door **slowly and quietly**.	아빠는 천천히 그리고 조용히 문을 닫으셨다.
03	I like **apples, bananas, and grapes**.	나는 사과, 바나나, 그리고 포도를 좋아한다.
04	This bag is **big but light**.	이 가방은 크지만 가볍다.
05	My mom drinks **coffee or tea** after lunch.	우리 엄마는 점심 후에 커피나 차를 드신다.
06	Which animal do you like, **dogs or cats**?	개 또는 고양이 중에 너는 어떤 동물을 좋아하니?
07	I **do** Taekwondo **and play** the piano after school.	나는 방과 후에 태권도를 하고 피아노를 연주한다.
08	I usually **read** books **or listen** to music.	나는 보통 책을 읽거나 음악을 듣는다.
09	**She did** the dishes, **and I helped** her.	그녀는 설거지를 했고 나는 그녀를 도왔다.
10	**Amy likes** spicy food, **but Ben doesn't like** it.	에이미는 매운 음식을 좋아하지만, 벤은 좋아하지 않는다.

Rule 1

· 접속사 and/but/or: 단어와 단어, 또는 문장과 문장을 연결해 주는 말을 접속사라고 해요. 앞뒤 내용에 따라서 and, but, or를 사용해요.

and	그리고	서로 비슷한 내용을 연결할 때
but	그러나, 하지만	앞 내용과 반대되는 내용이 나올 때
or	또는, 혹은	선택해야 하는 내용이 나올 때

*비슷한 내용을 3개 이상 연결할 때는 쉼표(,)를 넣고 마지막 단어 앞에 and를 사용해요.
I like **apples, bananas, and grapes**.

Rule 2

· 접속사가 연결하는 말: and, but, or는 같은 종류의 단어끼리 연결해요.

명사와 명사	*apples **and** bananas*, *Tom **and** Jake*
형용사와 형용사	*big **but** light*
부사와 부사	*slowly **and** quietly*
동사와 동사	*do Taekwondo **and** play the piano*

Exercises

A 다음 문장에서 접속사에 ○ 하고, 알맞은 의미에 ✔ 하세요.

1. My dad and mom are very happy.　　□ 그리고　□ 그러나

2. He likes her, but she doesn't like him.　　□ 그리고　□ 하지만

3. You saw Jenny and said hi.　　□ 그리고　□ 또는

4. She is 11 or 12 years old.　　□ 그러나　□ 혹은

5. It is sunny but cold.　　□ 하지만　□ 또는

6. Mike or his brother doesn't like cats.　　□ 그리고　□ 혹은

B 다음 우리말에 맞게 빈칸에 알맞은 접속사를 쓰세요.

1. 작지만 비싼　　➡ small _____ expensive

2. 너와 나　　➡ you _____ I

3. 사과 또는 바나나　　➡ apples _____ bananas

4. 축구하고 TV를 보았다　　➡ played soccer _____ watched TV

5. 주스 또는 차　　➡ juice _____ tea

6. 나는 슬펐지만 울지 않았다.　　➡ I was sad, _____ I didn't cry.

C 다음 ( ) 안에서 알맞은 것을 고르세요.

1. He is smart but (student / lazy).

2. They have water and (cold / juice).

3. You ate (soup and bread / soup and tasty).

4. This food is very spicy but (deliciously / delicious).

5. The teacher talked to me slowly and (kindly / kind).

📖 **A** say hi 인사하다　**C** lazy 게으른 ｜ tasty 맛있는 ｜ spicy 매운

D 다음 우리말과 같은 뜻이 되도록 빈칸에 알맞은 말을 쓰세요.

1. 그녀는 오늘 또는 내일 올 것이다.

   ➡ She will come today _____ tomorrow.

2. 나는 제시간에 왔지만, 그녀는 늦었다.

   ➡ I came on time, _____ she was late.

3. 그는 피아노를 연주했고, 그녀는 음악에 맞춰 춤췄다.

   ➡ He played the piano, _____ she _____ to the music.

4. Mary와 Mike는 내 사촌들이다.

   ➡ _____ _____ _____ are my cousins.

E 다음 ( ) 안에서 알맞은 것을 고르세요.

1. I called her, (or / but) she didn't hear me.

2. My bag is big (and / but) heavy.

3. You can do it now (or / but) later.

4. I can go out, (or / but) you can't.

5. My shoes are old, (or / but) I like them.

6. Which food is your favorite, pizza (or / and) hamburgers?

7. Her parents saw a movie, (or / but) they didn't like it.

8. The old man is very tired (and / but) sleepy.

📖 **E** hear 듣다 | later 나중에 | go out 나가다 | old 오래된, 낡은 | favorite 가장 좋아하는
hamburger 햄버거

F 다음 밑줄 친 부분을 바르게 고치세요.

1. Her birthday is on the 24th <u>and</u> 25th. ➡

2. Ben <u>but</u> I are on the same team. ➡

3. Mom does the dishes, and I <u>helping</u> her. ➡

4. Which sport do you like, tennis <u>and</u> hockey? ➡

5. This book is small but <u>heavily</u>. ➡

6. I stayed at home <u>but</u> watched TV. ➡

G 다음 우리말과 같은 뜻이 되도록 알맞은 접속사를 이용하여 두 문장을 연결하세요.

1. 나는 도서관으로 갔고, 내 여동생은 집으로 갔다.
I went to the library. My sister went home.

➡

2. 남자아이들은 밖으로 나갔지만, 여자아이들은 안에 머물렀다.
The boys went outside. The girls stayed inside.

➡

3. 그는 창문을 닦았고, 그녀는 부엌을 청소했다.
He washed the windows. She cleaned the kitchen.

➡

4. Amy의 생일이었지만, Eric은 그것을 몰랐다.
It was Amy's birthday. Eric didn't know it.

➡

F birthday 생일 | hockey 하키 | point 점수

Unit 13 명령문, and/or ~

Let's Think

우리말 **VS.** 영어

우리말

왼쪽으로 돌아라, **그러면** 서점이 보일 것이다.
서둘러라, **그렇지 않으면** 늦을 것이다.

우리말에는 '그러면'이나
'그렇지 않으면'이라는 말을 쓰지.

영어

Turn left, **and** you will see the bookstore.
Hurry up, **or** you will be late.

영어에는 and와 or가 쓰이네!
'그리고'나 '또는' 외에
다른 뜻이 있나 봐.

Find the Rule

A 다음 문장들의 굵은 글씨를 주의 깊게 살펴보세요. ▷

- **Go** straight, **and** you will see the bank.
- **Push** the door, **and** it will open.
- **Clean** your room now, **or** Mom will be angry.
- **Be** careful, **or** you'll break the dish.

B 위 문장들에 대한 설명으로 올바른 것을 <u>모두</u> 찾아 ☐ 안에 ✔ 하세요.

1. 명령문으로 시작하고, 명령문 뒤에는 and나 or로 문장이 연결된다. ☐
2. and나 or 앞에 쉼표(,)를 쓰지 않는다. ☐
3. and를 '그리고'보다는 '그러면'이라고 해석하는 것이 자연스럽다. ☐
4. or를 '또는, 혹은'보다는 '그렇지 않으면'이라고 해석하는 것이 자연스럽다. ☐
5. and와 or 뒤에 오는 문장에는 미래를 나타내는 will이 쓰였다. ☐
6. and 앞뒤 내용으로 보아, 명령을 지킬 때 일어나는 일이 and 뒤에 나온다. ☐
7. or 앞뒤 내용으로 보아, 명령을 지키지 않을 때 일어나는 일이 or 뒤에 나온다. ☐

📖 straight 똑바로 | push 밀다 | open 열리다 | careful 조심하는 | break 깨뜨리다 | dish 접시

Apply the Rule

Ⓐ 다음 문장들의 굵은 글씨를 주의 깊게 살펴보고, 앞에서 발견한 규칙이 바르게 적용되었는지 확인해 보세요. ▷

세이펜은 각 번호에 대면 정답을 확인할 수 있어요.

D-3

01 **Help** your mom, **and** she'll be happy.

02 **Goes** straight, **and** you will see the bank.

03 **Study** hard, **or** you'll pass the test.

04 **Push** the door, **and** it will open.

05 **Open** the window, **and** it'll get cool.

06 **Stop** it, **or** I'll tell Mom.

07 **Eat** some food, **or** you'll be hungry.

08 **Hurry** up, **and** you'll miss the bus.

09 **Put** on your coat, **or** you'll get a cold.

10 **Be** careful, **and** you'll break the dish.

Ⓑ 굵은 글씨가 문법상 바르지 <u>않은</u> 문장의 번호를 쓰고 틀린 부분을 바르게 고쳐 보세요.

	➡		➡	
	➡		➡	
	➡		➡	
	➡		➡	

Make Your Own

★ 괄호 안의 단어를 활용하여 문장을 완성하세요.

1. 빨리 뛰어라, 그러면 버스를 탈 수 있을 것이다. (run)

　　　　　　 fast, 　　　　　 you'll catch the bus.

2. 일찍 잠자리에 들어라, 그렇지 않으면 내일 늦게 일어날 것이다. (go)

　　　　　 to bed early, 　　　　 you'll wake up late tomorrow.

01 **Help** your mom, **and** she'll be happy. 엄마를 도와 드려라, 그러면 엄마가 기뻐하실 것이다.

02 **Go** straight, **and** you will see the bank. 곧장 가라, 그러면 은행이 보일 것이다.

03 **Study** hard, **and** you'll pass the test. 공부를 열심히 해라, 그러면 시험에 통과할 것이다.

04 **Push** the door, **and** it will open. 문을 밀어라, 그러면 열릴 것이다.

05 **Open** the window, **and** it'll get cool. 창문을 열어라, 그러면 시원해질 것이다.

Rule 1
- **명령문, and/or ~:** 명령문과 문장을 연결할 때 접속사 and나 or를 사용해요. 이때 and와 or의 해석이 달라지니 주의하세요.
- **명령문, and ~:** '~해라, 그러면 ~할 것이다'라는 뜻으로, and 뒤에는 명령을 지킬 경우 일어날 일을 나타내요. and 앞에는 쉼표(,)를 찍고, and 뒤에는 보통 will과 같은 미래표현이 쓰여요.

| 명령문, and ~ | ~해라, **그러면** ~할 것이다 |

06 **Stop** it, **or** I'll tell Mom. 그만해라, 그렇지 않으면 나는 엄마께 말할 것이다.

07 **Eat** some food, **or** you'll be hungry. 음식을 좀 먹어라, 그렇지 않으면 배고플 것이다.

08 **Hurry** up, **or** you'll miss the bus. 서둘러라, 그렇지 않으면 버스를 놓칠 것이다.

09 **Put** on your coat, **or** you'll get a cold. 코트를 입어라, 그렇지 않으면 감기에 걸릴 것이다.

10 **Be** careful, **or** you'll break the dish. 조심해라, 그렇지 않으면 접시를 깨뜨릴 것이다.

Rule 2
- **명령문, or ~:** '~해라, 그렇지 않으면 ~할 것이다'라는 뜻으로, or 뒤에는 명령을 따르지 않을 경우 일어날 일을 나타내요. or 앞에는 쉼표(,)를 찍고, or 뒤에는 보통 will과 같은 미래표현이 쓰여요.

| 명령문, or ~ | ~해라, **그렇지 않으면** ~할 것이다 |

Exercises

A 다음 문장에서 접속사에 ○ 하고, 빈칸에 그 의미를 쓰세요.

1. Drink some water, or you will be thirsty. ➡

2. Eat vegetables, and you will be healthy. ➡

3. Turn left, and you will see the library. ➡

4. Ask him, and he will tell you everything. ➡

5. Take a nap, or you will feel tired. ➡

6. Hurry up, or you will be late. ➡

B 다음 문장을 읽고, 해석이 바른 것을 고르세요.

1. Take the subway, and you will be on time.

a. 지하철을 타라, 그리고 제시간에 도착해라.

b. 지하철을 타라, 그러면 너는 제시간에 도착할 것이다.

2. Get up early, or you'll be late for school.

a. 일찍 일어나라, 그렇지 않으면 너는 학교에 늦을 것이다.

b. 일찍 일어나라, 또는 학교에 늦지 마라.

3. Talk to her, and she will help you.

a. 그녀와 이야기해라, 그리고 그녀를 도와주어라.

b. 그녀와 이야기해라, 그러면 그녀가 너를 도와줄 것이다.

4. Bring a coat, or you will be cold.

a. 코트를 가져와라, 너는 춥다.

b. 코트를 가져와라, 그렇지 않으면 너는 추울 것이다.

📖 **A** thirsty 목이 마른 | healthy 건강한 | library 도서관 | everything 모든 것 | take a nap 낮잠을 자다

C 다음 ( ) 안에서 알맞은 것을 고르세요.

1. Come home early, (and / or) we'll have dinner together.

2. Be careful, (and / or) you'll break the dish.

3. Wash your socks, (and / or) they will smell bad.

4. Laugh often, (and / or) you'll feel good.

5. Come to the party, (and / or) you'll have fun.

6. Take an umbrella, (and / or) you will get wet.

D 다음 우리말과 같은 뜻이 되도록 ( ) 안의 말을 이용하여 문장을 완성하세요.

1. 조용히 해라, 그렇지 않으면 아기가 깰 것이다. (be, the baby, will wake up)
➡ _____ quiet, _____ .

2. 선생님께 말씀드려라, 그러면 너를 도와주실 것이다. (will help, talk, she, you)
➡ _____ to your teacher, _____ .

3. 네 남동생을 데려가라, 그렇지 않으면 그는 울 것이다. (will cry, take, he)
➡ _____ your brother with you, _____ .

4. 길을 건너라, 그러면 너는 공원을 발견할 것이다. (the park, cross, you, will find)
➡ _____ the street, _____ .

5. 머리를 말려라, 그렇지 않으면 추울 것이다. (you, dry, cold, will feel)
➡ _____ your hair, _____ .

📖 **C** careful 조심하는 | break 깨뜨리다 | dish 접시 | sock 양말 | laugh 웃다 | often 자주
have fun 재미있게 놀다 | get wet (물에) 젖다

E 다음 밑줄 친 부분을 바르게 고치세요.

1. <u>Are</u> kind, and you'll have many friends. ➡

2. Stop it, <u>and</u> the teacher will be angry. ➡

3. Turn left, <u>or</u> you'll see the post office. ➡

4. Go to the teachers' room, <u>or</u> you'll find her. ➡

5. <u>Waiting</u> here, and the bus will come. ➡

F 다음 우리말과 같은 뜻이 되도록 and 또는 or를 이용하여 두 문장을 연결하세요.

1. 지금 출발해라, 그렇지 않으면 너는 늦을 것이다.
   Leave now. You will be late.

   ➡

2. 그것을 열어라, 그러면 음악이 들릴 것이다.
   Open it. You will hear the music.

   ➡

3. 여기에 머물러라, 그러면 그가 너를 찾을 것이다.
   Stay here. He will find you.

   ➡

4. 엄마께 전화를 드려라, 그렇지 않으면 엄마가 걱정하실 것이다.
   Call your mom. She will be worried.

   ➡

📖 **E** turn 돌다 | post office 우체국 | teachers' room 교무실

Unit 14 접속사 that

Let's Think

우리말	**VS.**	영어

우리말

나는 **답**을 안다.
나는 **그 답이 11이라는 것**을 안다.

우리말은 '나는'과 '안다'
사이의 말이 길어졌어.

영어

I know **the answer**.
I know **that the answer** is 11.

영어는 I know 뒤에 that이 와서
또 다른 문장을 연결해 주네!

Find the Rule

A 다음 문장들의 굵은 글씨를 주의 깊게 살펴보세요. ▷

- I think **that you are** right. 912
- I know **that it's** important. 939
- I hope **that you like** this. 975
- I believe **that you can do** it.
- He says **that he likes** Jane.

B 위 문장들에 대한 설명으로 올바른 것을 <u>모두</u> 찾아 ☐ 안에 ✔ 하세요.

1. 동사 think, know, hope, believe, say 바로 뒤에 that이 온다. ☐
2. that 앞에도 「주어 + 동사」가 있고, that 뒤에도 「주어 + 동사」가 있다. ☐
3. '~라고 생각하다/~하다는 것을 알다/~하기를 바라다/~하다는 것을 믿다/~라고 말하다'라고 해석하는 것이 자연스럽다. ☐
4. 「that + 주어 + 동사 ~」는 동사 think, know, hope, believe, say의 목적어 자리에 쓰였다. ☐
5. that은 모두 '저것'이라는 의미로 쓰였다. ☐

📖 think 생각하다 | right 옳은, 맞는 | know 알다 | important 중요한 | hope 바라다 | believe 믿다
can ~할 수 있다

Apply the Rule

Ⓐ 다음 문장들의 굵은 글씨를 주의 깊게 살펴보고, 앞에서 발견한 규칙이 바르게 적용되었는지 확인해 보세요. ▷

---

01 I think **that you are** right. `912`

02 He thinks **this book that** is interesting.

03 I know **that it's** important. `939`

04 We know **that are monkeys** smart.

05 I hope **that like you** this. `975`

06 They hope **that the rain stops** soon.

07 I believe **that you can do** it.

08 He believes **but Jane has** his book.

09 Jenny says **that the story** is true.

10 She said **that you were** angry.

✏️ 세이펜은 각 번호에 대면 정답을 확인할 수 있어요.

Ⓑ 굵은 글씨가 문법상 바르지 <u>않은</u> 문장의 번호를 쓰고 틀린 부분을 바르게 고쳐 보세요.

	➡		➡	
	➡		➡	
	➡		➡	
	➡		➡	

Make Your Own

⭐ 괄호 안의 단어를 활용하여 문장을 완성하세요.

1. 나는 그 케이크가 맛있다고 생각한다. (think, that, the cake)

I ____ ____ ____ ____ delicious.

2. 우리는 오늘 네가 시험이 있다는 것을 알고 있다. (know, that, have)

We ____ ____ ____ ____ a test today.

01 I *think* **that** you are right. `912`   나는 네가 옳다고 생각한다.

02 He *thinks* **that** this book is interesting.   그는 이 책이 재미있다고 생각한다.

03 I *know* **that** it's important. `939`   나는 그것이 중요하다는 것을 안다.

04 We *know* **that** monkeys are smart.   우리는 원숭이가 영리하다는 것을 안다.

05 I *hope* **that** you like this. `975`   나는 네가 이것을 좋아하기를 바란다.

06 They *hope* **that** the rain stops soon.   그들은 비가 곧 그치기를 바란다.

07 I *believe* **that** you can do it.   나는 네가 그것을 할 수 있다고 믿는다.

08 He *believes* **that** Jane has his book.   그는 제인이 그의 책을 가지고 있다고 믿는다.

09 Jenny *says* **that** the story is true.   제니는 그 이야기가 사실이라고 말한다.

10 She *said* **that** you were angry.   그녀는 네가 화가 났었다고 말했다.

Rule

- **접속사 that:** 접속사 that으로 시작하는 문장은 명사로 쓰일 수 있어요. 이때 that 뒤에는 반드시 「주어＋동사」가 와야 해요. 「that＋주어＋동사 ～」는 문장에서 주어, 목적어, 보어의 역할을 하며, '～인 것', '～하다는 것'이라고 해석합니다.

that
(～인 것/～하다는 것) ＋ 주어 ＋ 동사

- **「that＋주어＋동사 ～」가 목적어 자리에 쓰일 때:** 「that＋주어＋동사 ～」는 문장에서 목적어로 많이 쓰이는데, 특히 다음과 같은 동사들의 목적어로 자주 쓰여요.

think 생각하다	**know** 알다	**hope** 바라다
believe 믿다	**say** 말하다	

Exercises

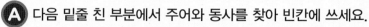

A 다음 밑줄 친 부분에서 주어와 동사를 찾아 빈칸에 쓰세요.

	주어	동사
1. They think <u>that it is wrong</u>.		
2. He believes <u>that I went home</u>.		
3. We know <u>that you are here</u>.		
4. I hope <u>that my family is happy</u>.		
5. Amy said <u>that she liked the movie</u>.		
6. People know <u>that dolphins are smart</u>.		

B 다음 문장을 읽고, 해석이 바른 것을 고르세요.

1. I think that the book is funny.
   a. 나는 그 책이 재미있는지를 알고 싶다.
   b. 나는 그 책이 재미있다고 생각한다.

2. We hope that our team wins.
   a. 우리는 우리 팀이 이기기를 바란다.
   b. 우리는 우리 팀이 이길 것이라고 생각한다.

3. I believe that this is a true story.
   a. 나는 이것이 실제 이야기이기 때문에 믿는다.
   b. 나는 이것이 실제 이야기라는 것을 믿는다.

📖 **A** wrong 잘못된, 틀린 | dolphin 돌고래 | smart 똑똑한

C 다음 빈칸에 들어갈 말로 알맞지 <u>않은</u> 것은?

1. I think that _____ .

① it is funny   ② they are friends   ③ she likes you

④ very smart   ⑤ you are kind

2. Ben knows that _____ .

① it's important   ② we are right   ③ I am not a liar

④ you are honest   ⑤ her name

3. She hopes that _____ .

① the rain stops   ② she can do it   ③ funny

④ she can go early   ⑤ you like this

D 다음 문장에서 접속사 that이 들어갈 위치를 고르세요.

1. He ① said ② he ③ bought ④ some milk.

2. John thinks ① math ② is ③ easy ④ .

3. Mike ① and ② his brother ③ know ④ the story is true.

4. My ① little brother ② believes ③ Santa Claus ④ is real.

5. We ① hope ② Chris and Jake ③ come ④ to the party.

E 다음 밑줄 친 that의 해석이 <u>다른</u> 하나는?

① I know <u>that</u> you have many friends.

② She hopes <u>that</u> Tom wins the game.

③ They think <u>that</u> you are very rude.

④ I believe <u>that</u> I can do it.

⑤ He drives <u>that</u> car, and it is very fast.

📖📖 **C** liar 거짓말쟁이 | honest 정직한   **D** Santa Claus 산타클로스 | real 진짜의   **E** rude 예의 없는
drive 운전하다

F 다음 우리말과 같은 뜻이 되도록 ( ) 안의 말을 바르게 배열하세요.

1. Mary는 네가 자전거를 고칠 수 있다고 믿는다. (that / you / can fix)

➡ She believes _____ bikes.

2. Jenny는 그가 화났었다고 말했다. (he / that / was)

➡ Jenny said _____ angry.

3. 그들은 이 책이 재미있다는 것을 안다. (this book / that / is)

➡ They know _____ interesting.

4. 그녀는 친구가 그 선물을 좋아하기를 바란다. (her friend / that / likes)

➡ She hopes _____ the present.

5. Jack은 그 그림이 훌륭하다고 생각한다. (is / the picture / that)

➡ Jack thinks _____ wonderful.

G 다음 우리말과 같은 뜻이 되도록 ( ) 안의 말을 바르게 배열하세요.

1. 나는 그녀가 정직하다고 믿는다. (she is / I believe / that / honest)

➡

2. 너는 내가 학교에 늦었다는 것을 안다. (late for school / you know / I'm / that)

➡

3. Amy는 그가 나에게 거짓말했다고 말했다. (that / he lied to me / Amy said)

➡

4. 그들은 그 여자아이가 친절하다고 생각한다. (kind / that / they think / the girl is)

➡

5. 그는 그가 빨리 달릴 수 있기를 바란다. (that / he hopes / fast / he can run)

➡

Unit 15

접속사 when/because

Let's Think

| 우리말 | VS. | 영어 |

나**갈 때**, 문 좀 닫아 줘.
그는 친절**하기 때문에**, 나는 그를 좋아해.

우리말은 '~할 때'나
'~하기 때문에'라는 말을 사용하지.

When you leave, close the door.
Because he is kind, I like him.

영어에는 when이나
because라는 단어를 사용하네!

Find the Rule

A 다음 문장들의 굵은 글씨를 주의 깊게 살펴보세요. ▷

- **When she watches movies,** she eats popcorn.
- **When I was young,** I lived in the country.
- **When we arrived there,** it was already dark.
- I like puppies **because they are so cute**.
- **Because it rained,** they stayed inside.
- We didn't run **because we had enough time**.

B 위 문장들의 굵은 글씨에 대한 설명으로 올바른 것을 <u>모두</u> 찾아 ☐ 안에 ✔ 하세요.

1. 「when + 주어 + 동사 ~」 또는 「because + 주어 + 동사 ~」의 형태이다. ☐
2. when은 '언제'라고 해석하면 자연스럽다. ☐
3. when은 '~할 때'라는 의미로 시간과 때를 나타낸다. ☐
4. because는 '~하기 때문에'라고 해석하는 것이 자연스럽다. ☐
5. because가 쓰인 문장은 원인과 결과 관계를 나타낸다. ☐
6. when이나 because로 시작하는 문장이 앞에 올 때는 쉼표(,)를 붙인다. ☐

📖 popcorn 팝콘 | country 시골 | arrive 도착하다 | already 이미, 벌써 | dark 어두운 | puppy 강아지
inside 안에 | enough 충분한

Apply the Rule

Ⓐ 다음 문장들의 굵은 글씨를 주의 깊게 살펴보고, 앞에서 발견한 규칙이 바르게 적용되었는지 확인해 보세요. ▷

> 01 **When** study, I listen to music.
>
> 02 **When** we watch movies, we eat popcorn.
>
> 03 **And** Dad was young, he lived in the country.
>
> 04 The sky was clear **because** I left home.
>
> 05 I was so excited **when** I went to the museum.
>
> 06 Everyone likes Jake **because** he is kind.
>
> 07 The library is closed **because** it is Sunday.
>
> 08 I didn't go to school **but** I was sick.
>
> 09 **Because** she was tired, Mary went to bed.
>
> 10 **Because** it rained, they stayed inside.

✏ 세이펜은 각 번호에 대면 정답을 확인할 수 있어요.

Ⓑ 굵은 글씨가 문법상 바르지 <u>않은</u> 문장의 번호를 쓰고 틀린 부분을 바르게 고쳐 보세요.

	➡		➡	
	➡		➡	
	➡		➡	
	➡		➡	

Make Your Own

★ 괄호 안의 단어를 활용하여 문장을 완성하세요.

1. 나는 시간이 있을 때, 종종 책을 읽는다. (have, when)

_____ _____ _____ time, I often read books.

2. 그는 버스를 놓쳤기 때문에 지각했다. (because, missed)

_____ _____ _____ the bus, he was late.

Check the Rule Again

01	**When** I study, I listen to music.	나는 공부할 때 음악을 듣는다.
02	**When** we watch movies, we eat popcorn.	우리는 영화를 볼 때 팝콘을 먹는다.
03	**When** Dad was young, he lived in the country.	아빠는 어렸을 때 시골에서 살았다.
04	The sky was clear **when** I left home.	내가 집에서 나왔을 때 하늘이 맑았다.
05	I was so excited **when** I went to the museum.	박물관에 갔을 때 나는 정말 신이 났다.

Rule 1　　· 접속사 when: 문장과 문장을 연결하는 접속사로, 두 문장의 시간 관계를 나타내요. 「when+주어+동사」의 형태로 문장 앞이나 뒤에 모두 올 수 있지만, 문장 앞에 올 때는 꼭 쉼표(,)를 붙여야 해요.

when
(~할 때) ＋ 주어 ＋ 동사

06	Everyone likes Jake **because** he is kind.	제이크는 친절해서 모든 사람이 그를 좋아한다.
07	The library is closed **because** it is Sunday.	일요일이어서 도서관이 문을 닫았다.
08	I didn't go to school **because** I was sick.	나는 아파서 학교에 가지 않았다.
09	**Because** she was tired, Mary went to bed.	메리는 피곤해서 잠자리에 들었다.
10	**Because** it rained, they stayed inside.	비가 와서 그들은 안에서 머물렀다.

Rule 2　　· 접속사 because: 문장과 문장을 연결하는 접속사로, 두 문장의 원인과 결과 관계를 나타내요. 「because+주어+동사」의 형태로 문장 앞뒤에 모두 올 수 있지만, 문장 앞에 올 때는 꼭 쉼표(,)를 붙여야 해요.

because
(~하기 때문에/~해서) ＋ 주어 ＋ 동사

Exercises

Ⓐ 다음 문장에서 접속사에 ○ 하고, 빈칸에 그 의미를 쓰세요. (접속사가 없으면 빈칸에 X를 쓰세요.)

1. She saw Tom when she was in the store.

2. Mom was happy because I gave her flowers.

3. When is your birthday?

4. When he was young, he liked chocolate.

5. Because it was too cold, I closed the window.

Ⓑ 다음 우리말과 같은 뜻이 되도록 빈칸에 알맞은 말을 쓰세요.

1. 나는 버스를 놓쳤기 때문에 학교에 지각했다.

➡ I was late for school _____ I missed the bus.

2. 그녀가 앉았을 때, 나는 TV를 켰다.

➡ I turned on the TV _____ she sat down.

3. 그는 어렸을 때, 채소를 좋아하지 않았다.

➡ _____ he was young, he didn't like vegetables.

4. 그들은 싸웠기 때문에 서로 얘기하지 않았다.

➡ They didn't talk to each other_____ they had a fight.

5. 눈이 올 때, 우리는 항상 눈사람을 만든다.

➡ We always make a snowman _____ it snows.

6. 우리는 나올 때, 문을 닫았다.

➡ _____ we left, we closed the door.

📖 **A** store 가게 | birthday 생일 | young 어린 | chocolate 초콜릿 | close 닫다

C 올바른 문장이 되도록 연결하세요.

1. The shop is not open   a. I ran to school.

2. When Mom drinks coffee,   b. we play games.

3. Because I was late,   c. Mom was in the kitchen.

4. Because he studies hard,   d. because it is a holiday.

5. When we meet,   e. he gets good grades.

6. When I came home,   f. she puts sugar in it.

D 다음 ( ) 안에서 알맞은 것을 고르세요.

1. (Because / When) Dad drives, he wears sunglasses.

2. Tim needs big shoes (because / when) he has big feet.

3. She walks to school (because / when) she lives near her school.

4. They played in the river (because / when) they were young.

5. I love this book (because / when) the story is fun.

6. (Because / When) I woke up, I was very thirsty.

E 다음 문장에서 ( ) 안의 접속사가 들어갈 위치를 고르세요.

1. (when)   She went to ① America ② she was ③ young.

2. (because)   I didn't ① watch TV ② last night ③ I was tired.

3. (when)   Mom wears ① glasses ② she reads ③ a book.

4. (because)   She walked ① slowly ② she broke ③ her leg.

📖 **C** kitchen 부엌 | holiday 휴일 | grade 성적 | sugar 설탕 **D** sunglasses 선글라스 | feet 발(foot의 복수형)
near ∼에서 가까이 | river 강 **E** America 미국 | last night 어젯밤 | slowly 천천히 | break 부러뜨리다

F 다음 우리말과 같은 뜻이 되도록 ( ) 안의 말을 이용하여 문장을 완성하세요.

1. Tom은 아팠기 때문에 학교에 가지 않았다. (sick, he, was)

➡ Tom didn't go to school _____.

2. Amy는 우유를 좋아해서 그것을 매일 마신다. (she, likes, it)

➡ Amy drinks milk every day _____.

3. 우리는 영화를 볼 때 팝콘을 먹는다. (we, movies, watch)

➡ We eat popcorn _____.

4. 눈이 아주 많이 와서 우리는 밖에 나가지 않았다. (it, snowed a lot)

➡ _____ we didn't go outside.

5. 그녀는 책을 읽을 때, 항상 주스를 마신다. (a book, reads, she)

➡ _____ she always drinks juice.

6. 내가 TV를 볼 때 나의 여동생은 내 옆에 앉는다. (watch, I, TV)

➡ _____ my sister sits next to me.

7. 그는 열심히 공부했기 때문에 좋은 성적을 받았다. (hard, studied, he)

➡ He got good grades _____.

8. 그들이 어렸을 때 그들의 할머니는 아프셨다. (young, were, they)

➡ _____ their grandmother was sick.

G 다음 빈칸에 when 또는 because를 넣을 때 들어갈 말이 <u>다른</u> 하나는?

① They didn't play baseball _____ it rained.

② _____ I was sick, I didn't go to school yesterday.

③ _____ I eat spicy food, I drink a lot of water.

④ _____ he liked the color, he bought this shirt.

⑤ She loves cats _____ they are so cute.

📖 **G** spicy 매운 | a lot of 많은

Unit 16 원급

Let's Think

우리말	VS.	영어

우리말

나는 키가 크다.

그는 Mike만큼 키가 크다.

우리말은 비슷한 정도를 나타낼 때
'…만큼 ～하다'라고 하지.

영어

I am **tall**.

I am **as tall as Mike**.

영어에서는 tall 앞뒤에 as가 생겼네!

Find the Rule

Ⓐ 다음 문장들의 굵은 글씨를 주의 깊게 살펴보세요. ▷

- I am **as tall as** my mom.
  ← I am 160 cm tall. My mom is 160 cm tall, too.

- You are **as smart as** Jane.
  ← You are smart. Jane is smart, too.

- She is **as beautiful as** a rose.
  ← She is beautiful. A rose is beautiful, too.

- I study **as hard as** my sister.
  ← I study hard. My sister studies hard, too.

- Mike can run **as fast as** John.
  ← Mike can run 100 m in 12 seconds. John can run 100 m in 12 seconds, too.

Ⓑ 위 문장들에 대한 설명으로 올바른 것을 <u>모두</u> 찾아 ☐ 안에 ✔ 하세요.

1. 「as + 형용사 + as」 또는 「as + 부사 + as」의 형태이다. ☐

2. 「as + 형용사/부사 + as」는 동사 바로 뒤에 와서 목적어의 역할을 한다. ☐

3. 「as + 형용사/부사 + as」의 형태 뒤에 명사가 온다. ☐

4. 문장의 주어와 두 번째 as 뒤 대상의 정도가 비슷함을 나타낸다. ☐

📖 tall 키가 큰 | smart 똑똑한 | beautiful 아름다운 | rose 장미 | hard 열심히 | fast 빨리
second (시간 단위) 초

Apply the Rule

Ⓐ 다음 문장들의 굵은 글씨를 주의 깊게 살펴보고, 앞에서 발견한 규칙이 바르게 적용되었는지 확인해 보세요. ▶

✏️ 세이펜을 각 번호에 대면 정답을 확인할 수 있어요.

01　I am **as tall as** my mom.

02　My bag **as is heavy** as yours.

03　Dolphins are **as smart as** humans.

04　Tom gets up **as early as** his brother.

05　I can run as fast **Ben as**.

06　Science is **easy as** math.

07　My computer is **as good as** yours.

08　These clothes **are as new** those.

09　Today is **as cold as** yesterday.

10　She can sing **as well as** Jason.

Ⓑ 굵은 글씨가 문법상 바르지 <u>않은</u> 문장의 번호를 쓰고 틀린 부분을 바르게 고쳐 보세요.

	➡		➡	
	➡		➡	
	➡		➡	
	➡		➡	

Make Your Own

⭐ 괄호 안의 단어를 활용하여 문장을 완성하세요.

1. 이 빌딩은 저 빌딩만큼 높다. (tall)

　　This building is ⬚ ⬚ ⬚ that building.

2. 그녀는 그 남자만큼 높게 뛸 수 있다. (high)

　　She can jump ⬚ ⬚ ⬚ the man.

Check the Rule Again

01	I am **as tall as** my mom.	나는 우리 엄마만큼 키가 크다.
02	My bag is **as heavy as** yours.	나의 가방은 너의 가방만큼 무겁다.
03	Dolphins are **as smart as** humans.	돌고래는 인간만큼 영리하다.
04	Tom gets up **as early as** his brother.	톰은 그의 형만큼 일찍 일어난다.
05	I can run **as fast as** Ben.	나는 벤만큼 빨리 달릴 수 있다.
06	Science is **as easy as** math.	과학은 수학만큼 쉽다.
07	My computer is **as good as** yours.	나의 컴퓨터는 너의 것만큼 좋다.
08	These clothes are **as new as** those.	이 옷들은 저것들만큼 새것이다.
09	Today is **as cold as** yesterday.	오늘은 어제만큼 춥다.
10	She can sing **as well as** Jason.	그녀는 제이슨만큼 노래를 잘 부를 수 있다.

Rule

- **원급**: 형용사와 부사의 원래 모습.
- **원급 비교**: 성질이나 상태가 비슷한 두 가지 대상을 비교할 때 사용해요. 「as+형용사/부사+as」의 형태이며 '…만큼 ～한' 또는 '…만큼 ～하게'라고 해석해요.

「as+형용사/부사 +as」: '…만큼 ～한/～하게'

I am **160 cm tall**.
나는 키가 160cm이다.
My mom is **160 cm tall**, too
우리 엄마도 키가 160cm이다. I am **as tall as my mom**.
나는 우리 엄마만큼 키가 크다.

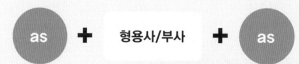

as **+** 형용사/부사 **+** as

Exercises

A 다음 ( ) 안에서 알맞지 <u>않은</u> 것을 고르세요.

1. Jake is as (busy / his sister / tall) as Kate.

2. This bag is as (big / cheap / mine) as that one.

3. Apples are as (sweet / delicious / fruit) as bananas.

4. I am as (old / tall as / short) as Mike.

5. Seoul is as (cold / wonderful / city) as New York.

B 우리말과 같은 뜻이 되도록 ( )의 단어를 이용하여 문장을 완성하세요.

1. 이 방은 우리 교실만큼 크다. (big)

   ➡ This room is _____ our classroom.

2. 수학은 영어만큼 나에게 어렵다. (difficult)

   ➡ Math is _____ English to me.

3. 이 노래는 네가 가장 좋아하는 노래만큼 좋다. (good)

   ➡ This song is _____ your favorite song.

4. 너는 Ted만큼 크게 말한다. (loudly)

   ➡ You speak _____ Ted.

5. 이 문제는 저것만큼 간단하다. (simple)

   ➡ This problem is _____ that one.

6. Mina는 너만큼 높이 점프할 수 있다. (high)

   ➡ Mina can jump _____ you.

📖 **A** cheap (값이) 싼 | delicious 맛있는 | Seoul 서울 | New York 뉴욕

C 다음 중 올바른 문장에는 ○, 틀린 문장에는 X 하고 틀린 곳을 바르게 고치세요.

1. Jake is short as Jane. ➡

2. Mina can run as fast as Alice. ➡

3. My dog is as big that cat as over there. ➡

4. His idea is as great yours as. ➡

5. This book is as interesting as that one. ➡

6. She sings beautifully as the singer. ➡

7. I study as hard as my sister. ➡

D 다음 우리말과 같은 뜻이 되도록 ( ) 안의 말을 바르게 배열하세요.

1. 나는 우리 엄마만큼 일찍 일어난다. (as / my mom / as / early)
➡ I get up _____.

2. 나의 가방은 이 빈 상자만큼 가볍다. (this empty box / light / as / as)
➡ My bag is _____.

3. Tom은 그 배우만큼 잘생겼다. (as / as / the actor / handsome)
➡ Tom is _____.

4. 내 여동생은 너의 남동생만큼 나이를 먹었다. (as / your brother / old / as)
➡ My sister is _____.

5. 그녀는 Julie만큼 노래를 잘 부른다. (well / as / Julie / as)
➡ She sings _____.

📖 **C** short 키가 작은 | over there 저쪽에 | idea 생각 | interesting 재미있는

E 다음 문장에서 밑줄 친 부분을 고쳐 문장을 다시 쓰세요.

1. I am <u>as tall</u> you.

➜

2. I am <u>old as</u> my cousin.

➜

3. This box <u>is heavy</u> as that box.

➜

4. Your cat is as friendly <u>my dog as</u>.

➜

5. This bridge is <u>as long</u> that bridge.

➜

6. She gets up as early <u>Mike as</u>.

➜

7. My brother <u>is smart as</u> Jane.

➜

F 다음 문장 중 바른 것은?

① This pizza is as good that pizza.
② They can walk fast as horses as.
③ Her bag is mine as heavy as.
④ Today is as hot as yesterday.
⑤ Your fingers are as long.

Unit

17 비교급

Let's Think

우리말	VS.	영어

그는 **키가 크다.**

그는 저 여자아이보다 더 **키가 크다.**

우리말은 '~보다 더'라는 말과 비교 대상이 생겼어.

He is **tall.**

He is **taller than that girl.**

영어에는 tall 뒤에 −er이 붙고, than 뒤에 비교하는 대상이 생기네.

Find the Rule

Ⓐ 다음 문장들의 굵은 글씨를 주의 깊게 살펴보세요. ▷

- I am **older than** Jake.
- You are **taller than** your mom.
- This dress is **nicer than** that dress.
- The baby wakes up **earlier than** the mother.
- His car is **bigger than** yours.
- Strawberries are **more delicious than** grapes.
- The movie is **more interesting than** the book.

Ⓑ 위 문장들에 대한 설명으로 올바른 것을 <u>모두</u> 찾아 ☐ 안에 ✔ 하세요.

1. old, tall과 같은 형용사에 −er이 붙는다. ☐

2. −e로 끝나는 단어 nice는 −r만 붙는다. ☐

3. −y로 끝나는 단어 early는 y 뒤에 −er이 붙는다. ☐

4. big은 마지막 자음 g를 한 번 더 쓰고 −er을 붙인다. ☐

5. delicious와 같이 −er 대신에 앞에 more가 붙는 것도 있다. ☐

6. 형용사나 부사 뒤에 있는 than은 '~보다'라고 해석하면 자연스럽다. ☐

📖 dress 원피스, 드레스 | wake up 일어나다 | early 일찍 | yours 너의 것 | delicious 맛있는
interesting 재미있는

Apply the Rule

Ⓐ 다음 문장들의 굵은 글씨를 주의 깊게 살펴보고, 앞에서 발견한 규칙이 바르게 적용되었는지 확인해 보세요. ▷

---

01 She is **older as** Jake.

세이펜을 각 번호에 대면 정답을 확인할 수 있어요.

02 Your pencil is **longer than** mine.

03 You study **harder than** your friends.

04 Your bag is **niceer than** mine.

05 The white shirt is **larger than** the black one.

06 This box is **heavyer than** that one.

07 My room is **biger than** yours.

08 Today is **hotter than** yesterday.

09 Mary is **more careful than** her sister.

10 The movie is **more interesting than** the book.

Ⓑ 굵은 글씨가 문법상 바르지 <u>않은</u> 문장의 번호를 쓰고 틀린 부분을 바르게 고쳐 보세요.

	➡		➡	
	➡		➡	
	➡		➡	
	➡		➡	

Make Your Own

⭐ 괄호 안의 단어를 활용하여 문장을 완성하세요.

1. 너는 메리보다 더 키가 크다. (tall)

You are _____ _____ Mary.

2. 그들은 그 남자아이들보다 더 빠르게 달린다. (fast)

They run _____ _____ the boys.

Check the Rule Again

01 She is **older than** Jake. 그녀는 제이크보다 더 나이가 많다.

02 Your pencil is **longer than** mine. 너의 연필은 내 것보다 더 길다.

03 You study **harder than** your friends. 너는 너의 친구들보다 더 열심히 공부한다.

04 Your bag is **nicer than** mine. 너의 가방은 내 것보다 더 좋다.

05 The white shirt is **larger than** the black one. 그 흰 셔츠는 그 검정 셔츠보다 더 크다.

06 This box is **heavier than** that one. 이 상자는 저 상자보다 더 무겁다.

07 My room is **bigger than** yours. 나의 방은 너의 것보다 더 크다.

08 Today is **hotter than** yesterday. 오늘은 어제보다 더 덥다.

09 Mary is **more careful than** her sister. 메리는 그녀의 언니보다 더 조심스럽다.

10 The movie is **more interesting than** the book. 그 영화는 책보다 더 재미있다.

Rule

- 비교급: 형용사나 부사 끝에 −er 등을 붙인 형태로, 두 가지를 비교할 때 사용해요. '더 ~한/~하게'라고 해석해요.

대부분의 단어	+-**er**	old**er**, hard**er**, lat**er**
-e로 끝나는 단어	+-**r**	nice**r**, large**r**
「자음+-y」로 끝나는 단어	-**y** → -**ier**	heav**ier**, prett**ier**, happ**ier**
「단모음+단자음」으로 끝나는 단어	마지막 자음을 한 번 더 쓰고+-**er**	big**ger**, hot**ter**
3음절 이상의 단어 (모음이 3개 이상인 단어)	**more**+단어	**more** careful, **more** beautiful

*모음: a, e, i, o, u.

- 비교급 불규칙 변화: 어떤 형용사와 부사는 끝에 −er을 붙이지 않고 모습이 변하기도 해요.

good(좋은)-**better**	well(잘)-**better**	bad(나쁜)-**worse**
many(수가 많은)-**more**	much(양이 많은)-**more**	little(양이 적은)-**less**

- 비교급 표현: 두 가지 대상을 비교할 때 「형용사/부사의 비교급＋than＋비교 대상」의 형태를 사용하며, '…보다 더 ~한/~하게'라고 해석해요.

Exercises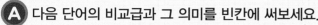

A 다음 단어의 비교급과 그 의미를 빈칸에 써보세요.

	비교급	의미
1. large		
2. happy		
3. good		
4. tall		
5. careful		
6. busy		
7. beautiful		

B 다음 ( ) 안에서 알맞은 것을 고르세요.

1. My dog is (biger / bigger) than your dog.

2. Your grade is (better / more good) than mine.

3. I feel (worse / more bad) than yesterday.

4. My house is (closeer / closer) to the school than his.

5. This question is (more difficult / difficulter) than that one.

6. Her hair is (short / shorter) than Jane's.

7. His voice is (louder / more loud) than yours.

8. This bag is (more expensive / expensiver) than this hat.

9. His score is (higher / more high) than mine.

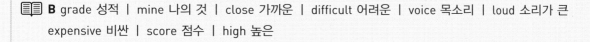

B grade 성적 | mine 나의 것 | close 가까운 | difficult 어려운 | voice 목소리 | loud 소리가 큰
expensive 비싼 | score 점수 | high 높은

C 다음 우리말과 같은 뜻이 되도록 ( ) 안의 단어를 이용하여 빈칸에 알맞은 말을 쓰세요.

1. 이 상자는 내 것보다 더 작다. (small)
➡ This box is _____ than mine.

2. Jim은 나보다 더 어리다. (young)
➡ Jim is _____ than me.

3. 이 방은 저 방보다 더 어둡다. (dark)
➡ This room is _____ than that room.

4. 사자는 토끼보다 더 무겁다. (heavy)
➡ Lions are _____ than rabbits.

5. 이 과자는 물 한 병보다 더 싸다. (cheap)
➡ This snack is _____ than a bottle of water.

D 다음 밑줄 친 부분을 바르게 고치세요.

1. A car is <u>more fast</u> than a bicycle.   ➡

2. This classroom is <u>biger</u> than that one.   ➡

3. This book is <u>thiner</u> than that book.   ➡

4. Egypt is much <u>hoter</u> than Korea.   ➡

5. This puzzle is <u>easyer</u> than that one.   ➡

6. This book is <u>interestinger</u> than the movie.   ➡

7. This computer is <u>expensiver</u> than mine.   ➡

8. The red skirt is <u>longger</u> than the yellow skirt.   ➡

📖 **D** bicycle 자전거 | classroom 교실 | thin (두께가) 얇은 | Egypt 이집트 | Korea 한국 | puzzle 퍼즐
skirt 치마

다음 표를 보고 ( ) 안의 단어를 사용하여 비교급 문장을 쓰세요.

	Computer A	Computer B
big	●●●	●●
heavy	●●●●	●●●
expensive	●	●●
fast	●●●●	●●
games	●●	●●●●

1. (big)

➡ Computer A is _____ Computer B.

2. (heavy)

➡ Computer A is _____ Computer B.

3. (expensive)

➡ Computer B is _____ Computer A.

4. (fast)

➡ Computer A is _____ Computer B.

5. (many games)

➡ Computer B has _____ Computer A.

F 다음 중 밑줄 친 부분이 바르지 <u>않은</u> 것은?

① Amy is <u>taller</u> than Jake.

② Tom is <u>older</u> than Jane.

③ My sister is <u>more careful</u> than me.

④ That computer is <u>more nice</u> than mine.

⑤ Pizza is <u>more delicious</u> than hamburgers.

📖 **F** careful 신중한

Unit 18 최상급

Let's Think

우리말	VS.	영어

우리말

그는 키가 **작다**.

그는 반에서 **가장 키가 작다**.

우리말은 형용사 앞에 '가장' 또는 '제일'이라는 말을 쓰지.

영어

He is **short**.

He is **the shortest in the class**.

영어에서는 short 앞뒤로 the와 -est가 생겼네.

Find the Rule

A 다음 문장들의 굵은 글씨를 주의 깊게 살펴보세요. ▷

- My dad is **the oldest** in my family.
- She is **the smartest** student in her class.
- He runs **the fastest**.
- This is **the largest** room in the house.
- They are **the nicest** shoes in the store.
- It is **the heaviest** box in this room.
- I have **the biggest** bag in my class.
- He is **the most popular** actor in Korea.

B 위 문장들의 굵은 글씨에 대한 설명으로 올바른 것을 <u>모두</u> 찾아 ☐ 안에 ✔ 하세요.

1. 모든 형용사와 부사 앞에 the가 온다. ☐
2. old, smart, fast와 같은 단어 뒤에 -est가 붙는다. ☐
3. -e로 끝나는 형용사 large, nice는 -st만 붙는다. ☐
4. -y로 끝나는 단어 heavy는 y 뒤에 -est가 붙는다. ☐
5. big은 마지막 자음 g를 한 번 더 쓰고 -est를 붙인다. ☐
6. popular와 같이 -est 대신에 앞에 the most가 붙는 단어도 있다. ☐
7. 문장 뒤에 in을 '~에서' 또는 '~중에서'라고 해석하면 자연스럽다. ☐

📖 old 나이 많은 | fast 빠르게 | store 가게 | popular 인기 있는 | actor 배우

Apply the Rule

Ⓐ 다음 문장들의 굵은 글씨를 주의 깊게 살펴보고, 앞에서 발견한 규칙이 바르게 적용되었는지 확인해 보세요. ▷

✎ 세이펜은 각 번호에 대면 정답을 확인할 수 있어요.

01 Mike is **the fastest** in the class.

02 My dad is **the oldest** in my family.

03 It is **largest the** room in the house.

04 They are **the niceest** shoes in the store.

05 It is **the thinnest** book in the library.

06 You have **the bigest** bag in the class.

07 Tom is **the funniest** person in school.

08 This is **the heaviest** box in the room.

09 It is **the most famous** place in the city.

10 He is **the popularest** actor in Korea.

Ⓑ 굵은 글씨가 문법상 바르지 <u>않은</u> 문장의 번호를 쓰고 틀린 부분을 바르게 고쳐 보세요.

	➡		➡	
	➡		➡	
	➡		➡	
	➡		➡	

Make Your Own

★ 괄호 안의 단어를 활용하여 문장을 완성하세요.

1. 이 책은 도서관에서 가장 인기 있다. (popular)

This book is ⬚ ⬚ ⬚ in the library.

2. 나는 우리 가족 중에서 가장 큰 발을 가지고 있다. (big)

I have ⬚ ⬚ feet in my family.

01	Mike is **the fastest** in the class.	마이크는 반에서 가장 빠르다.
02	My dad is **the oldest** in my family.	우리 아빠는 가족 중에서 가장 나이가 많으시다.
03	It is **the largest** room in the house.	그것은 집에서 가장 큰 방이다.
04	They are **the nicest** shoes in the store.	그것들은 가게에서 가장 멋진 신발이다.
05	It is **the thinnest** book in the library.	그것은 도서관에서 가장 얇은 책이다.
06	You have **the biggest** bag in the class.	너는 교실에서 가장 큰 가방을 가지고 있다.
07	Tom is **the funniest** person in school.	톰은 학교에서 가장 재미있는 사람이다.
08	This is **the heaviest** box in the room.	이것은 방에서 가장 무거운 상자이다.
09	It is **the most famous** place in the city.	그곳은 도시에서 가장 유명한 장소이다.
10	He is **the most popular** actor in Korea.	그는 한국에서 가장 인기 있는 배우이다.

Rule

- **최상급:** 형용사나 부사 앞에 the를 붙이고, 끝에 −est를 붙인 형태로 셋 이상의 사람이나 사물을 비교할 때 사용해요. '가장 ~한/~하게'라고 해석해요.

대부분의 단어	+-**est**	fast**est**, old**est**
-e로 끝나는 단어	+-**st**	large**st**, nice**st**
자음+-y로 끝나는 단어	-y → -**iest**	funn**iest**, heav**iest**
「단모음+단자음」으로 끝나는 단어	마지막 자음을 한 번 더 쓰고+-**est**	thin**nest**, big**gest**
3음절 이상의 단어	**most**+단어	**most** famous, **most** popular

- **최상급 불규칙 변화:** 어떤 형용사나 부사는 뒤에 −est를 붙이지 않고 모습에 변하기도 해요.

good(좋은)-**best**	well(잘)-**best**	bad(나쁜)-**worst**
many(수가 많은)-**most**	much(양이 많은)-**most**	little(양이 적은)-**least**

- **최상급 표현:** 「the+형용사/부사의 최상급+in ....」의 형태로 '… 중에서 가장 ~한/~하게'라고 해석해요.

the	+	형용사/부사의 최상급	+	in

Exercises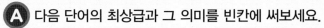

A 다음 단어의 최상급과 그 의미를 빈칸에 써보세요.

	최상급	의미
1. pretty		
2. large		
3. delicious		
4. young		
5. long		
6. good		
7. bad		

B 다음 ( ) 안에서 알맞은 것을 고르세요.

1. This book is the (thinnest / thinest) in the library.

2. She is the most (popuarest / popular) singer in Korea.

3. That is the (nicest / niceest) hat in the store.

4. They are the (closeest / closest) seats in the theater.

5. The whale is the (bigest / biggest) animal in the sea.

6. She has the (heavyst / heaviest) bag in the class.

7. It is the (most famous / most famousest) place in Korea.

8. He runs the (most fastest / fastest).

📖 **B** singer 가수 | close 가까운 | seat 자리, 좌석 | theater 극장 | whale 고래 | place 장소

C 다음 우리말과 같은 뜻이 되도록 ( ) 안의 단어를 이용하여 빈칸에 알맞은 말을 쓰세요.

1. 장미는 정원에서 가장 아름답다. (beautiful)
➡ The roses are _____ in the garden.

2. 이것은 그 가게에서 가장 싼 것이다. (cheap)
➡ This is _____ in the store.

3. 러시아는 세계에서 가장 큰 나라이다. (large)
➡ Russia is _____ country in the world.

4. 너는 학교에서 가장 머리카락이 길다. (long)
➡ You have _____ hair in school.

5. Sarah는 우리 반에서 가장 키가 큰 학생이다. (tall)
➡ Sarah is _____ student in our class.

6. Max는 세상에서 가장 똑똑한 개다. (smart)
➡ Max is _____ dog in the world.

D 다음 밑줄 친 부분을 바르게 고치세요.

1. Dolls are the <u>goodest</u> gift for little kids.　➡

2. I am the <u>most short</u> in my class.　➡

3. It is the most <u>famousest</u> lake in the world.　➡

4. She has the <u>smalliest</u> hands in her family.　➡

5. Math is the <u>more</u> interesting subject.　➡

6. Your bag is the <u>most nice</u> in this room.　➡

📖 **D** lake 호수 | math 수학 | interesting 재미있는 | subject 과목

E 다음 표를 보고 우리말과 같은 뜻이 되도록 ( ) 안의 단어를 이용하여 문장을 완성하세요.

	키	몸무게	신발 사이즈	성적
Jane	140cm	35kg	225	B
Mike	145cm	33kg	230	B
Kate	138cm	30kg	225	A
Ben	143cm	34kg	235	C

1. Mike는 반에서 가장 키가 크다. (tall)
   ➡ Mike is _____ in the class.

2. Kate는 반에서 가장 키가 작다. (short)
   ➡ Kate is _____ in the class.

3. Jane은 반에서 가장 무겁다. (heavy)
   ➡ Jane is _____ in the class.

4. Kate는 반에서 가장 가볍다. (light)
   ➡ Kate is _____ in the class.

5. Ben은 반에서 가장 발이 크다. (big)
   ➡ Ben has _____ feet in the class.

6. Jane은 반에서 가장 발이 작다. (small)
   ➡ Jane has _____ feet in the class.

7. Ben은 반에서 가장 성적이 좋지 않다. (bad)
   ➡ Ben has _____ grade in the class.

8. Kate는 반에서 가장 성적이 좋다. (good)
   ➡ Kate has _____ grade in the class.

READING RELAY 한 권으로
영어를 공부하며 국·수·사·과까지 5과목 정복!

리딩릴레이 시리즈

① 각 챕터마다 주요 교과목으로 지문 구성!

우리말 지문으로 배경지식을 읽고, 관련된 영문 지문으로 독해력 키우기

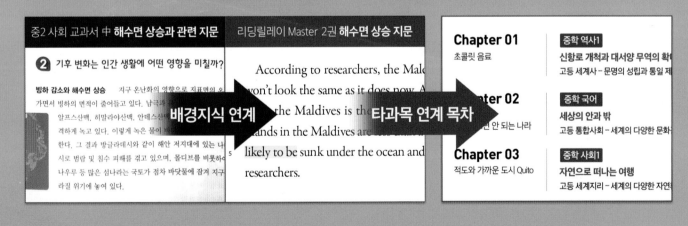

중2 사회 교과서 中 **해수면 상승과 관련 지문**	리딩릴레이 Master 2권 **해수면 상승 지문**	

② 기후 변화는 인간 생활에 어떤 영향을 미칠까?

빙하 감소와 해수면 상승 지구 온난화의 영향으로 지표면의 온도가 올라
가면서 빙하의 면적이 줄어들고 있다. 남극과 <배경지식 연계>
알프스산맥, 히말라야산맥, 안데스산맥 <타과목 연계 목차>
격하게 녹고 있다. 이렇게 녹은 물이
한다. 그 결과 방글라데시와 같이 해안 저지대에 있는 나
시로 범람 및 침수 피해를 겪고 있으며, 몰디브를 비롯하여
나우루 등 많은 섬나라는 국토가 점차 바닷물에 잠겨 지구
라질 위기에 놓여 있다.

According to researchers, the Mald won't look the same as it does now. the Maldives is the lands in the Maldives are likely to be sunk under the ocean and researchers.

Chapter 01 초콜릿 음료	중학 역사1 신항로 개척과 대서양 무역의 확대 고등 세계사 – 문명의 성립과 통일 제
ter 02 안 되는 나라	중학 국어 세상의 안과 밖 고등 통합사회 – 세계의 다양한 문화
Chapter 03 적도와 가까운 도시 Quito	중학 사회1 자연으로 떠나는 여행 고등 세계지리 – 세계의 다양한 자연

② 학년별로 국/영문의 비중을 다르게!

지시문 & 선택지 기준

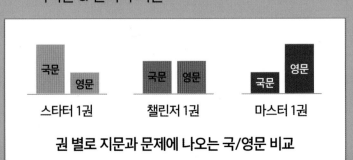

국문 / 영문
스타터 1권 챌린저 1권 마스터 1권

권 별로 지문과 문제에 나오는 국/영문 비교

③ 교육부 지정 필수 어휘 수록!

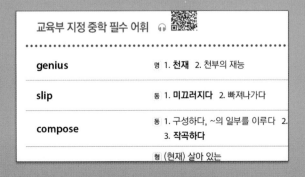

교육부 지정 중학 필수 어휘

genius	명 1. **천재** 2. 천부의 재능
slip	동 1. **미끄러지다** 2. 빠져나가다
compose	동 1. 구성하다, ~의 일부를 이루다 2. 3. 작곡하다
	형 (현재) 살아 있는

쎄듀런

1 구문   판매 1위 '천일문' 콘텐츠를 활용하여 정확하고 다양한 구문 학습

(끊어읽기) (해석하기) (문장 구조 분석) (해설·해석 제공) (단어 스크램블링) (영작하기)

2 문법·서술형   쎄듀의 모든 문법 문항을 활용하여 내신까지 해결하는 정교한 문법 유형 제공

(객관식과 주관식의 결합) (문법 포인트별 학습) (보기를 활용한 집합 문항) (내신대비 서술형) (어법+서술형 문제)

3 어휘   초·중·고·공무원까지 방대한 어휘량을 제공하며 오프라인 TEST 인쇄도 가능

(영단어 카드 학습) (단어 ↔ 뜻 유형) (예문 활용 유형) (단어 매칭 게임)

4 선생님 보유 문항 이용

 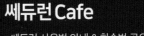

(Online Test) (OMR Test)

🍵 cafe.naver.com/cedulearnteacher

쎄듀런 학습 정보가 궁금하다면?

쎄듀런 Cafe

· 쎄듀런 사용법 안내 & 학습법 공유
· 공지 및 문의사항 QA
· 할인 쿠폰 증정 등 이벤트 진행

천일문
grammar
✦ WORKBOOK ✦ with 세이펜

3

초 등 코 치

천일문
grammar

✦ ✦ ✦

WORKBOOK

3

Unit 01 동명사 주어

A 다음 우리말과 일치하는 것을 고르세요.

1. 끝내는 것 (finished / finish / finishing)

2. 결정하기 (decided / deciding / decide)

3. 멈추다 (stop / stopping / stopped)

4. 포기하는 것 (giving up / gave up / give up)

5. 찾기 (look for / looked for / looking for)

B 다음 빈칸에 들어갈 말로 알맞은 것은?

1. _____ a pie is very easy.

   ① Bake   ② Baked   ③ Bakes
   ④ Bakeing   ⑤ Baking

2. _____ coins is his hobby.

   ① Collect   ② Collected   ③ Collectting
   ④ Collecting   ⑤ Collecteding

C 다음 ( ) 안에서 알맞은 것을 고르세요.

1. Making good friends (is / are) not easy.

2. (Eating / Eaten) fast is a bad habit.

3. Learning something (are / is) interesting.

4. (Play / Playing) with fire is dangerous.

5. Playing basketball (is / are) exciting.

6. (Get / Getting) up early is hard.

7. Riding a bike (is / are) good exercise.

8. (Going to bed / Go to bed) late is not good.

D 다음 ( ) 안에 주어진 말을 알맞은 동명사로 바꿔 우리말에 맞게 문장을 완성하세요.

1. 책을 읽는 것은 너에게 좋다. (read books)

➡ _____ is good for you.

2. 돈을 아끼는 것은 어렵다. (save money)

➡ _____ is difficult.

3. 음악을 듣는 것은 그녀의 취미이다. (listen to music)

➡ _____ is her hobby.

4. 바다에서 수영하는 것은 재미있다. (swim in the sea)

➡ _____ is fun.

5. 늦게 일어나는 것은 나쁜 습관이다. (get up late)

➡ _____ is a bad habit.

E 다음 문장에서 밑줄 친 부분을 고쳐 문장을 다시 쓰세요.

1. Playing with friends <u>are</u> fun.

➡ _____

2. Helping your parents <u>are</u> a good thing.

➡ _____

3. Taking pictures <u>are</u> her job.

➡ _____

4. <u>Get</u> a perfect score is hard.

➡ _____

F 다음 문장 중 바르지 <u>않은</u> 것은?

① Visiting different cities is exciting.

② Drawing animals are difficult.

③ Driving too fast is dangerous.

④ Building houses is his job.

⑤ Watching soccer games is interesting.

Unit **02** 동명사 목적어

A 다음 빈칸에 들어갈 말로 알맞은 것은?

1. He started _____ a letter.

① write   ② writes   ③ writing

④ written   ⑤ writeing

2. She doesn't mind _____ the door.

① close   ② closes   ③ closed

④ closing   ⑤ closeing

B 다음 ( ) 안에서 알맞은 것을 고르세요.

1. May loves (shoping / shopping).

2. Mike didn't finish (clean / cleaning) his room.

3. He started (studying / studies) history.

4. She doesn't like (baking / bakeing) cookies.

5. The students began (made / making) sandwiches.

C 다음 문장에서 <u>잘못된</u> 부분을 찾아 문장을 바르게 고쳐 쓰세요.

1. I kept wait for the bus.

➡ _____

2. I enjoyed read the book.

➡ _____

3. My family finished eat dinner.

➡ _____

4. He practices plays the guitar every day.

➡ _____

5. She gave up study Chinese.

➡ _____

D 다음 문장 중 바르지 <u>않은</u> 것은?

① She likes helping friends.
② The boy kept running.
③ He enjoys riding his bike.
④ Mike avoided talked about it.
⑤ I started learning English last year.

E 다음 ( ) 안에 주어진 단어를 알맞은 동명사로 바꿔 빈칸에 써 넣으세요.

1. Sam kept _____ to his mom. (lie)

2. Mark loves _____ basketball. (play)

3. They enjoy _____ in the mountains. (ski)

4. He likes _____ by the window. (sit)

5. Tony hates _____ milk. (drink)

F 다음 우리말과 같은 뜻이 되도록 ( ) 안에 주어진 말을 이용하여 문장을 완성하세요.
필요한 경우 동사는 동명사로 바꾸어 쓰세요.

1. 우리는 책을 찾기 시작했다. (look for, the book)

   ➡ We started _____.

2. 그는 계속해서 문을 두드렸다. (on the door, knock)

   ➡ He kept _____.

3. 그녀는 숙제하는 것을 끝냈다. (do, her homework)

   ➡ She finished _____.

4. 그는 야구 경기를 보는 것을 정말 좋아한다. (baseball games, watch)

   ➡ He loves _____.

5. Tom은 새로운 사람들을 만나는 것을 즐긴다. (meet, new people)

   ➡ Tom enjoys _____.

Unit 03 to부정사 목적어

A 다음 우리말과 일치하는 것을 고르세요.

1. 싸우는 것 (fight / to fight / will fight)

2. 이기다 (win / winning / to win)

3. 일하기 (work / to work / worked)

4. 부르는 것 (to call / call / called)

5. 끝내다 (finishing / to finish / finish)

B 다음 ( ) 안의 동사를 알맞은 형태로 고쳐 쓰세요.

1. We plan _____ a present. (buy)

2. He hopes _____ to France. (go)

3. You need _____ money. (save)

4. My sister wishes _____ the singer. (meet)

C 다음 빈칸에 들어갈 말로 알맞은 것은?

1. I am trying _____ the bottle.

① open ② opens ③ opened
④ to open ⑤ to opening

2. We agreed _____.

① to eating out ② eat out ③ to eat out
④ eats out ⑤ ate out

3. The man started _____.

① laugh ② to laughing ③ laughed
④ laughs ⑤ to laugh

D 다음 ( ) 안에 주어진 말을 알맞은 to부정사로 바꿔 우리말에 맞게 문장을 완성하세요.

1. 나는 편지를 쓰기로 결정했다. (write)

➡ I decided _____ a letter.

2. 나의 부모님은 여행하는 것을 좋아하신다. (travel)

➡ My parents like _____.

3. 내 남동생은 울기 시작했다. (cry)

➡ My brother began _____.

4. 그녀는 그것에 대답할 필요가 있다. (answer)

➡ She needs _____ that.

5. 너는 그곳에 가기를 원한다. (go)

➡ You want _____ there.

E 다음 ( ) 안에서 알맞은 것을 고르세요.

1. My brother loves (play / to play) the piano.

2. I planned (to exercise / to exercised) every morning.

3. She hates (to watches / to watch) scary movies.

4 They try (to help / help) me.

5. I hope (meet / to meet) him soon.

6. Dan promised (told / to tell) the truth.

7. I like (to sing / sing).

8. You want (to got / to get) new shoes.

F 다음 문장 중 바른 것은?

① My dad wishes to lives in the country.

② She decided to rode a bike.

③ He loves to listen to music.

④ I need to goes to the bathroom.

⑤ They hope to visiting the museum.

Unit 04 to부정사의 부사적 역할 (목적)

A 다음 빈칸에 들어갈 말이 순서대로 짝지어진 것은?

> • I got up early _____ for the test.
> • They went to the park _____ soccer.

① study to – to playing   ② study to – play to
③ study to – to play   ④ to study – to play
⑤ to study – to playing

B 다음 문장 중 바르지 <u>않은</u> 것은?

① Jenny saved money to buy a computer.
② Sarah went to the door to opens it.
③ My mom cut some bananas to make some juice.
④ Tom came here to meet his friends.
⑤ He looked for a cup to drink water.

C 다음 밑줄 친 to부정사의 해석이 <u>다른</u> 하나는?

① She wanted <u>to buy</u> a coat.
② Rick planned <u>to clean</u> his room.
③ I arrived early <u>to get</u> a good seat.
④ You need <u>to go</u> to the library.
⑤ Lisa began <u>to sing</u> a song.

D 다음 ( ) 안에서 알맞은 것을 고르세요.

1. Mark ran (catches / to catch) the train.

2. She went back home (gets / to get) her key.

3. Mary went to the bathroom (to wash / washing) her hands.

4. He worked hard (to finish / to finishing) the homework.

E 다음 각 문장에서 밑줄 친 부분을 바르게 고치세요.

1. John came <u>give to</u> us some news. ➡ _____

2. I used my computer <u>did</u> my homework. ➡ _____

3. She went to Seoul to <u>visiting</u> her aunt. ➡ _____

4. The cat moved slowly <u>catches</u> the bird. ➡ _____

5. You should run <u>getting</u> to school on time. ➡ _____

F 두 문장의 의미가 자연스럽게 이어지도록 연결하세요.

1. Mom goes to the market   a. to win the game.

2. He studied hard   b. to watch the show.

3. David looked at the map   c. to check the way.

4. Eric turned on the TV   d. to pass the exam.

5. The players practiced hard   e. to buy eggs.

G 다음 우리말과 같은 뜻이 되도록 ( ) 안의 단어를 이용하여 문장을 완성하세요.

1. Sam은 나를 돕기 위해 여기에 왔다. (me, help)

➡ Sam came here _____.

2. 상자를 열기 위해 이 칼을 써라. (the box, open)

➡ Use this knife _____.

3. 그녀는 저녁을 먹기 위해 부엌으로 갔다. (dinner, have)

➡ She went to the kitchen _____.

4. Jenny는 친구를 찾기 위해 교실로 들어갔다. (her friend, find)

➡ Jenny entered the classroom _____.

5. 그는 질문을 하기 위해 나에게 전화했다. (a question, ask)

➡ He called me _____.

2형식과 감각동사 (동사+명사/형용사)

A 다음 문장을 읽고, 해석이 바른 것을 고르세요.

1. Your voice sounds different.

a. 너의 목소리가 다르다.

b. 너의 목소리가 다르게 들린다.

2. The plant smells great.

a. 그 식물은 좋은 냄새가 난다.

b. 그 식물의 좋은 냄새를 맡는다.

3. This snack tastes spicy.

a. 이 과자는 매운맛이 난다.

b. 매운맛이 나는 과자가 맛있다.

4. The water looks clean.

a. 깨끗한 물이다.

b. 그 물은 깨끗해 보인다.

B 다음 우리말과 같은 뜻이 되도록 빈칸에 알맞은 말을 쓰세요.

1. 그 음악은 훌륭하게 들린다.

➡ The music _____ great.

2. 너희 선생님은 친절해 보인다.

➡ Your teacher _____ kind.

3. 그 과일들은 달콤한 냄새가 난다.

➡ The fruits _____ sweet.

4. 이 우유는 이상한 맛이 난다.

➡ This milk _____ strange.

5. 우리 엄마의 신발들은 오래돼 보인다.

➡ My mom's shoes _____ old.

C 다음 문장에서 밑줄 친 부분을 고쳐 문장을 다시 쓰세요.

1. That sounds <u>nicely</u>.

➡ _____

2. These gloves feel <u>warmly</u>.

➡ _____

3. The chocolate tastes <u>sweetly</u>.

➡ _____

4. This milk smells <u>badly</u>.

➡ _____

5. He looks <u>shortly</u>.

➡ _____

D 다음 빈칸에 들어갈 말로 알맞지 <u>않은</u> 것은?

1. The girl looks _____.

① sleepy   ② tired   ③ kindly

④ beautiful   ⑤ busy

2. The idea sounds _____.

① great   ② bad   ③ nice

④ difficult   ⑤ importantly

E 다음 문장 중 바르지 <u>않은</u> 것은?

① It tastes bad.

② This coat feels soft.

③ The bread smells deliciously.

④ The dog looks hungry.

⑤ He feels angry today.

Unit 06 3형식 (동사+명사)

A 다음 문장의 주어, 동사, 목적어를 쓰세요.

	주어	동사	목적어
1. She drives a car.	_____	_____	_____
2. I wash my hands.	_____	_____	_____
3. We do the work.	_____	_____	_____
4. They use machines.	_____	_____	_____
5. Tom builds houses.	_____	_____	_____
6. Ann draws a picture.	_____	_____	_____

B 형식에 주의하여 다음 문장을 우리말로 해석하세요.

1. They remember me.

➡ _____

2. She reads a book.

➡ _____

3. You write a letter.

➡ _____

4. I eat an apple.

➡ _____

5. The boy got new shoes.

➡ _____

6. We played a computer game.

➡ _____

7. Our teacher teaches science.

➡ _____

C 주어진 말을 이용하여 우리말에 맞게 영작하세요.

1. 그녀는 그 가수를 좋아한다. (like, the singer)

➡ _____

2. Jenny가 무언가를 물어보았다. (something, ask)

➡ _____

3. Ben은 우산을 가지고 있다. (an umbrella, have)

➡ _____

4. 우리는 영화를 보았다. (watch, a movie)

➡ _____

5. 그들은 숙제를 끝냈다. (the homework, finish)

➡ _____

D 다음 중 문장 형식이 <u>다른</u> 하나는?

① I joined a soccer club.
② The soup tastes sweet.
③ Amy visited her grandmother.
④ They heard the sound.
⑤ He needs a pen.

E 다음 우리말을 영어로 바르게 옮긴 것은?

나는 Eric을 파티에 초대했다.

① Invited Eric I to the party.
② Eric I invited to the party.
③ I Eric invited to the party.
④ Eric invited me to the party.
⑤ I invited Eric to the party.

Unit 07 4형식 (동사＋명사＋명사)

A 다음 우리말과 일치하는 문장을 고르세요.

1. 나는 너에게 지도를 보여줄 것이다.

a. I'll show you're the map.

b. I'll show you the map.

2. 엄마는 나에게 약간의 빵을 주셨다.

a. Mom gave me some bread.

b. Mom gave some bread me.

3. 내 친구는 나에게 초콜릿을 사 주었다.

a. My friend bought me chocolate.

b. My friend bought chocolate me.

B 다음 문장에서 ( ) 안의 말이 들어갈 위치를 고르세요.

1. (a letter)　　The ① girl ② sent ③ him ④ .

2. (her)　　The man ① made ② a cup of ③ coffee ④ .

3. (you)　　Our ① teacher ② gave ③ the ④ book.

4. (her)　　He ① showed ② his ③ favorite toy ④ .

5. (pizza)　　My ① sister ② bought ③ me ④ .

C 다음 문장이 4형식이 되도록 밑줄 친 부분을 바르게 고치세요.

1. You brought <u>water them</u>.　　➡ _____

2. Ann will give <u>he</u> a present.　　➡ _____

3. Mom made <u>my</u> delicious soup.　　➡ _____

4. I showed <u>a picture you</u>.　　➡ _____

5. Dad bought <u>she</u> beautiful flowers.　　➡ _____

6. Tim told <u>a story us</u>.　　➡ _____

D 다음 우리말과 같은 뜻이 되도록 ( ) 안의 말을 바르게 배열하세요.

1. 나는 그들에게 사진을 보여 주었다. (the picture / them / showed / I)

➡ _____

2. 나는 그에게 오렌지 주스를 줄 것이다. (him / will give / I / orange juice)

➡ _____

3. 그는 나에게 지우개를 사 주었다. (bought / an eraser / he / me)

➡ _____

4. 엄마는 나에게 옷을 가져다 주셨다. (some clothes / Mom / me / brought)

➡ _____

5. 그녀는 우리에게 샌드위치를 만들어 주었다. (made / sandwiches / she / us)

➡ _____

E 다음 빈칸에 들어갈 말로 알맞은 것은?

1. She showed _____.

① I her new bag   ② my her new bag

③ me her new bag   ④ her new bag me

⑤ her new bag my

2. I'll buy _____.

① he a pen   ② a pen his

③ his a pen   ④ a pen him

⑤ him a pen

F 다음 중 문장 형식이 <u>다른</u> 하나는?

① She will bring him the bag.

② Dad gave me some money.

③ They told us the truth.

④ My sister bought a notebook.

⑤ He showed them his new car.

Unit 08 주어 자리에 오는 것

A 다음 문장에서 주어에 ○ 하세요.

1. The rain stopped.

2. These cookies are cheap.

3. The door opened slowly.

4. My grandparents came to see me.

5. Planning a trip is fun.

B 다음 ( ) 안에서 알맞은 것을 고르세요.

1. (I / Me / My) want some water.

2. (My / Me / My notebook) is on the desk.

3. (Their / Children / His friend) are playing soccer.

4. (These books / This book / The book) are not mine.

5. (Bake / Baked / Baking) is my mother's hobby.

6. (John / My brother / They) are in the classroom.

7. (He / Him / His) is a famous painter.

8. (Study / Studies / Studying) English is interesting.

9. (Eating / Eat / Ate) vegetables is good for you.

C 다음 문장 중 바르지 <u>않은</u> 것은?

① Jenny is my sister.
② It is snowing.
③ The dogs ran fast.
④ Beautiful flowers are in the vase.
⑤ Get up early is not easy.

D 다음 빈칸에 들어갈 말로 알맞지 <u>않은</u> 것은?

1. _____ is interesting.

① It   ② The story

③ Easy   ④ This movie

⑤ Learning history

2. _____ is mine.

① This pen   ② That watch

③ The ball   ④ The bags

⑤ The cup

3. _____ is difficult.

① This book   ② The question

③ Math   ④ Solve this problem

⑤ Writing in English

E 다음 문장에서 주어에 ○ 하고, 우리말로 해석할 때 빈칸에 들어갈 말을 쓰세요.

1. This box is empty.

➡ _____ 비어 있다.

2. English and science are my favorite subjects.

➡ _____ 내가 가장 좋아하는 과목들이다.

3. Making cookies is difficult.

➡ _____ 어렵다.

4. Playing the piano is her hobby.

➡ _____ 그녀의 취미이다.

5. That tall girl is my sister.

➡ _____ 내 여동생이다.

6. Drawing pictures is my hobby.

➡ _____ 나의 취미이다.

Unit 09 보어 자리에 오는 것

A 다음 ( ) 안에서 알맞은 것을 고르세요.

1. The beach was (beautiful / beautifully).

2. These boxes are (heavy / heavily).

3. He looks (thirst / thirsty).

4. The food smells (nice / pizza).

5. You are (tiredly / tired).

6. That music sounds (sadly / sad).

7. The strawberry jam is (sweet / sweetly).

B 다음 우리말과 같은 뜻이 되도록 〈보기〉에서 알맞은 것을 골라 문장을 완성하세요.

> 〈보기〉 famous   sleepy   great   boxes   smart   nurse

1. 네 여동생은 똑똑해 보인다.
   ➡ Your sister looks _____.

2. 이것들은 상자들이다.
   ➡ These are _____.

3. 그의 아이디어는 훌륭하게 들렸다.
   ➡ His idea sounded _____.

4. 그녀는 간호사였다.
   ➡ She was a _____.

5. 나는 졸리다.
   ➡ I am _____.

6. 그 가수는 아주 유명하다.
   ➡ The singer is so _____.

C 다음 문장에서 <u>잘못된</u> 부분을 찾아 문장을 바르게 고쳐 쓰세요.

1. The test was easily.

➡ _____

2. The cake tastes greatly.

➡ _____

3. My brother is carefully.

➡ _____

4. The girl looked sadly.

➡ _____

5. The bread smells deliciously.

➡ _____

D 다음 문장 중 바르지 <u>않은</u> 것은?

1. ① This problem is difficult.

② My gloves feel warmly.

③ It was my mistake.

④ She was ready.

⑤ This tea tastes bad.

2. ① It is her bag.

② They look busy.

③ The boy is young.

④ Your voice sounds strangely.

⑤ A cat is an animal.

E 다음 빈칸에 들어갈 말로 알맞지 <u>않은</u> 것은?

My dad is _____.

① a doctor   ② a teacher   ③ tall
④ kind   ⑤ happily

Unit 10 목적어 자리에 오는 것

A 다음 문장에서 목적어에 모두 ○ 하세요.

1. I did my homework.

2. They decided to join us.

3. Sally opened the door.

4. She gave him candies.

5. The baby kept sleeping.

6. He can speak Chinese.

7. I like that restaurant.

8. They stopped fighting.

9. I will buy you a gift.

10. The boy started to cry.

B 다음 중 목적어가 쓰인 문장에 ✔ 하세요.

1. Joe threw the ball. ☐

2. My teacher looked very upset. ☐

3. I want to buy a bicycle. ☐

4. The movie was boring. ☐

5. Rick told me a lie. ☐

6. The cookies in the box taste sweet. ☐

7. He stopped drawing pictures. ☐

8. She enjoys shopping. ☐

9. We began planning for vacation. ☐

10. The children are eating lunch. ☐

C 다음 빈칸에 들어갈 말로 알맞지 <u>않은</u> 것은?

1. I started _____.

① it ② to sing

③ doing my homework ④ talk to him

⑤ to get hungry

2. Jenny likes _____.

① you ② cute

③ listening to music ④ to wear skirts

⑤ skiing

D 다음 문장 중 바르지 <u>않은</u> 것은?

① She hates dirty.

② John was eating a sandwich.

③ My teacher gave us homework.

④ I hope to meet him.

⑤ Lisa rides her bike to school.

E 다음 우리말과 같은 뜻이 되도록 ( ) 안의 말을 바르게 배열하세요.

1. 그녀는 모두를 안다. (everyone / she / knows)

➡ _____

2. 그는 책 읽는 것을 끝냈다. (finished / the book / he / reading)

➡ _____

3. 그가 나에게 그 이야기를 해 주었다. (told / the story / me / he)

➡ _____

4. 그녀는 디자이너가 되고 싶어 한다. (she / a designer / to be / wants)

➡ _____

5. 그녀는 영화 보는 것을 좋아한다. (to watch / likes / movies / she)

➡ _____

Unit **11** 부가의문문

Ⓐ 다음 ( ) 안에서 알맞은 것을 고르세요.

1. They are here, (aren't they / are they)?

2. They know my name, (do they / don't they)?

3. Their parents didn't go there, (didn't they / did they)?

4. Her sister isn't short, (isn't she / is she)?

5. Jim ate my sandwich, (didn't he / did he)?

6. He wasn't excited about it, (wasn't he / was he)?

7. She plays the violin, (doesn't she / does she)?

8. They can eat pizza after school, (can't they / can they)?

Ⓑ 다음 문장에 알맞은 부가의문문을 바르게 연결하세요.

1. This pencil is yours,   a. don't you?

2. Tim can't join the team,   b. didn't we?

3. She missed the bus,   c. isn't it?

4. You know the reason,   d. didn't she?

5. He is mad at me,   e. did he?

6. He didn't go to the doctor today,   f. isn't he?

7. The children are sleepy,   g. aren't they?

8. We studied hard for the test,   h. can he?

Ⓒ 다음 밑줄 친 부분을 바르게 고치세요.

1. You were angry with her, <u>were</u> you? ➡ _____

2. I can't play soccer here, <u>can't</u> I? ➡ _____

3. Jane wasn't sick yesterday, <u>she was</u>? ➡ _____

4. He knows the answer, <u>isn't</u> he? ➡ _____

D 다음 우리말과 같은 뜻이 되도록 빈칸에 알맞은 말을 쓰세요.

1. 그는 무언가에 대해 걱정하고 있어, 그렇지 않니?

➡ He is worried about something, _____ _____?

2. 너는 여기 근처에서 살아, 그렇지 않니?

➡ You live near here, _____ _____?

3. 너는 또 다른 연필을 가지고 있지 않아, 그렇지?

➡ You don't have another pencil, _____ _____?

4. 이 양말들은 새것이 아니지, 그렇지?

➡ These socks aren't new, _____ _____?

5. 그는 그 영화를 보지 않았어, 그렇지?

➡ He _____ see the movie, did _____?

E 다음 빈칸에 들어갈 말이 순서대로 짝지어진 것은?

1. _____ loves chocolate cake, _____?

① He – does she ② They – don't they

③ You – do you ④ He – doesn't he

⑤ She – does he

2. _____ has a cold, _____?

① The boy – is he ② The girl – isn't she

③ The girl – doesn't she ④ The boy – does he

⑤ The girl – did she

F 다음 빈칸에 들어갈 말이 <u>다른</u> 하나는?

① He had an umbrella, _____ he?

② You were sad about it, _____ you?

③ They ate the chicken for dinner, _____ they?

④ She listened to the radio this morning, _____ she?

⑤ I asked the question, _____ I?

접속사 and/but/or

A 다음 문장에서 접속사 and, but, or가 들어갈 위치를 고르고, 알맞은 접속사를 빈칸에 쓰세요.

1. It ① is ② cold ③ windy ④ outside.   ➡ _____

2. Is ① your ② room ③ clean ④ dirty?   ➡ _____

3. ① This bag ② is ③ big ④ light.   ➡ _____

B 다음 ( ) 안에서 알맞은 것을 고르세요.

1. I like sports, (or / but) my sister doesn't like them.

2. I studied math (and / but) English.

3. They like apples, bananas (and / but) grapes.

4. She usually watches TV (but / or) reads a book.

5. I bought a pen, (but / or) Ann didn't buy one.

6. Kate's friend is nice (or / and) kind.

C 다음 우리말과 같은 뜻이 되도록 빈칸에 알맞은 말을 쓰세요.

1. 여름 또는 겨울 중에서 너는 어떤 계절을 좋아하니?

➡ Which season do you like, summer _____ winter?

2. 나는 그를 보았고 그에게 인사를 했다.

➡ I saw him _____ said hello to him.

3. 그녀는 아팠지만, 학교에 갔다.

➡ She was sick, _____ she went to school.

4. 그와 그녀는 함께 점심을 먹는다.

➡ He _____ she eat lunch together.

5. 이 영화는 길지만 재미있다.

➡ This movie is long _____ interesting.

D 다음 밑줄 친 부분을 바르게 고치세요.

1. Is it Thursday <u>and</u> Friday today? ➡ _____

2. Mary <u>but</u> Amy go to school together. ➡ _____

3. I play a game, and she <u>watching</u> TV. ➡ _____

4. He drives slowly and <u>careful</u>. ➡ _____

5. Is it sunny <u>but</u> cloudy today? ➡ _____

6. Mike did the dishes, <u>but</u> I helped him. ➡ _____

7. The man was poor, <u>or</u> he was hungry. ➡ _____

8. Are the answers right <u>but</u> wrong? ➡ _____

9. Which sport do you like, soccer <u>and</u> tennis? ➡ _____

E 다음 빈칸에 들어갈 말이 순서대로 짝지어진 것은?

1.

- It is sunny _____ cold.
- We were tired, _____ the trip was great.
- I wake up at 7 _____ get ready for school.

① or – and – but   ② and – or – or

③ but – or – or   ④ but – but – but

⑤ but – but – and

2.

- Mom came back home and _____ us dinner.
- The bag was small but _____.
- The children can read and _____.

① makes – heavily – write   ② makes – heavy – write

③ made – heavy – write   ④ made – heavily – write

⑤ made – heavy – wrote

Unit 13 명령문, and/or ~

Ⓐ 다음 ( ) 안에서 알맞은 것을 고르세요.

1. Turn right, (and / or) you'll find the bank.

2. Be careful, (and / or) you will break it.

3. Go to sleep early, (and / or) you'll be tired tomorrow.

4. Study hard, (and / or) you'll pass the test.

5. Wear gloves, (and / or) you'll get cold.

6. Touch this, (and / or) it'll play music.

7. Take this medicine, (and / or) you'll be fine.

Ⓑ 다음 빈칸에 들어갈 말이 순서대로 바르게 짝지어진 것은?

1.
- Show him this, _____ he will give a ticket to you.
- Do your best, _____ you'll win the race.
- Leave now, _____ you will be late.

① and – and – or　　② and – or – and
③ and – or – or　　④ or – and – and
⑤ or – or – and

2.
- Call me after an hour, _____ I will tell you everything.
- Remember this, _____ you'll make a mistake.
- Go outside now, _____ you will miss the rainbow.

① or – and – or　　② and – or – or
③ and – or – and　　④ and – and – or
⑤ or – and – and

C 다음 우리말을 영어로 바르게 옮긴 것은?

> 곧장 가라, 그러면 도서관이 보일 것이다.

① Go straight, or see the library.
② Go straight, and see the library.
③ Go straight, and you will see the library.
④ Go straight, or you will see the library.
⑤ Go straight, and you see the library.

D 다음 빈칸에 and 또는 or를 넣을 때 들어갈 말이 <u>다른</u> 하나는?

① Open the window, _____ you'll get fresh air.
② Be nice to your friends, _____ they'll be nice to you.
③ Read books, _____ you'll learn a lot.
④ Wake up now, _____ you'll be late for school.
⑤ Hurry up, _____ you will catch the bus.

E 다음 문장을 우리말로 해석할 때 밑줄 친 부분에 주의하여 빈칸에 들어갈 말을 쓰세요.

1. Drink this, <u>or</u> you will be thirsty.
   ➡ _____ 너는 목이 마를 것이다.

2. Close the door, <u>or</u> it will get cold.
   ➡ _____ 추워질 것이다.

3. Open the box, <u>and</u> you will be surprised.
   ➡ _____ 너는 놀랄 것이다.

4. Be honest, <u>and</u> your friends will like you.
   ➡ 정직해라, _____

5. Clean your room, <u>or</u> your mom will get angry.
   ➡ _____ 엄마가 화를 내실 것이다.

Unit 14 접속사 that

A 다음 우리말을 영어로 바르게 옮긴 것은?

1. 나는 우리가 같은 팀이기를 바란다.

① I hope that we on the same team.
② We are on the same team that I hope.
③ I hope that we are on the same team.

2. 그녀는 Mike가 그녀의 책을 가지고 있다고 믿는다.

① Mike has her book that she believes.
② She believes that Mike has her book.
③ She believes that Mike her book.

B 다음 문장에서 접속사에 ○ 하고, 우리말로 해석할 때 빈칸에 들어갈 말을 쓰세요.

1. I believe that he is right.
➡ 나는 _____ 믿는다.

2. Everyone thinks that she is smart.
➡ 모든 사람이 _____ 생각한다.

3. David said that he was sick yesterday.
➡ David는 _____ 말했다.

4. I think that John likes you.
➡ 나는 _____ 생각한다.

5. I know that this is important.
➡ 나는 _____ 안다.

C 다음 문장에서 접속사 that이 들어갈 위치를 고르세요.

1. The ① boys ② hope ③ the rain ④ stops ⑤ soon.

2. My sister ① said ② she ③ didn't ④ want ⑤ that.

3. She ① thinks ② her friends ③ are ④ angry ⑤ with her.

4. Ann ① hopes ② John ③ enjoys ④ the ⑤ party.

5. We ① believe ② he ③ is ④ an ⑤ honest person.

6. Mike ① and ② Tom ③ hope ④ they win ⑤ the game.

7. They ① think ② my ③ cat ④ isn't ⑤ friendly.

8. Mary's ① friends ② believe ③ she ④ can ⑤ do it.

D 다음 우리말과 같은 뜻이 되도록 ( ) 안의 말을 바르게 배열하세요.

1. 그는 Jane이 올 수 없다고 말한다. (Jane / that / come / can't)

➡ He says _____.

2. 나는 네가 너의 방학을 즐기기를 바란다. (your vacation / that / enjoy / you)

➡ I hope _____.

3. Mary는 그 이야기가 사실이라고 믿는다. (that / the story / true / is)

➡ Mary believes _____.

4. 그들은 Tom이 정말 재미있다고 생각한다. (Tom / very / that / is / funny)

➡ They think _____.

5. Jack은 그 남자가 거짓말쟁이라는 것을 안다. (the man / that / a liar / is)

➡ Jack knows _____.

6. 너는 어제 그가 바빴다고 말했다. (that / busy / yesterday / was / he)

➡ You said _____.

7. 그녀는 그가 귀엽다고 생각한다. (cute / he / that / is)

➡ She thinks _____.

Unit 15 접속사 when/because

A 다음 우리말을 영어로 옮길 때 빈칸에 들어갈 말로 알맞은 것은?

1. 내가 질문을 했을 때, Jane이 대답했다.

➡ _____, Jane answered it.

① I asked a question

② When I asked a question

③ I asked a question when

2. 그녀는 아주 바쁘기 때문에 나를 도와줄 수 없다.

➡ She can't help me _____.

① she is very busy

② she is very busy because

③ because she is very busy

B 다음 문장에서 접속사에 ○ 하고, 우리말로 해석할 때 빈칸에 들어갈 말을 쓰세요.

1. I was angry because he lied to me.

➡ _____ 나는 화가 났다.

2. I started learning English when I was nine years old.

➡ _____ 나는 영어를 배우기 시작했다.

3. It was early morning when I heard the news.

➡ _____ 이른 아침이었다.

4. He went to bed early because he was so tired.

➡ _____ 일찍 잠자리에 들었다.

5. She cried because the movie was sad.

➡ _____ 그녀는 울었다.

C 다음 두 문장을 하나의 문장으로 바꾸어 쓸 때 바른 것은?

1.

I was young.

I lived near the river.

① I lived near the river when I was young.
② I lived near the river I was young.
③ When I young, I lived near the river.

2.

I changed my mind.

I didn't like the color.

① I changed my mind I didn't like the color.
② Because I changed my mind, I didn't like the color.
③ I changed my mind because I didn't like the color.

D 주어진 접속사를 이용하여 다음 두 문장을 한 문장으로 만들 때 빈칸에 들어갈 말을 쓰세요.

1. We go to the beach. + Summer comes. (when)

➡ _____ summer comes.

2. I didn't go to school. + I was sick. (because)

➡ _____ I was sick.

3. Anna was young. + She loved drawing. (when)

➡ _____, she loved drawing.

4. Everyone likes her. + She is friendly. (because)

➡ Everyone likes her _____.

5. It was dark. + You went home. (when)

➡ It was dark _____.

6. People read comics. + They are fun. (because)

➡ People read comics _____.

Ⓐ 다음 우리말을 영어로 바르게 옮긴 것은?

1. 너는 우리 아빠만큼 키가 크다.

① You are tall as my dad.
② You are tall my dad.
③ You are as tall as my dad.
④ You are as tall my dad.
⑤ You as are tall as my dad.

2. 나에게 역사는 미술만큼 재미있다.

① History is interesting art to me.
② History is as interesting art to me.
③ History is interesting as art to me.
④ History as is interesting as art to me.
⑤ History is as interesting as art to me.

Ⓑ 우리말과 같은 뜻이 되도록 〈보기〉의 단어를 이용하여 문장을 완성하세요.

〈보기〉 easy   brave   beautiful   boring

1. 그 숙제는 지난번 숙제만큼 쉬웠다.

➡ The homework was _____ the last one.

2. 그녀는 영화 속의 그 남자만큼 용감했다.

➡ She was _____ the man in the movie.

3. 그 해변은 그 호수만큼 아름다웠다.

➡ The beach was _____ the lake.

4. 그의 책은 내 것만큼 지루했다.

➡ His book was _____ mine.

C 다음 문장 중 바른 것은?

① The TV show was funny the popular one.

② The trip was as exciting the last trip.

③ Daniel is smart as Harry.

④ Today is as hot yesterday.

⑤ This water is as cold as that juice.

D 다음 문장을 읽고, 해석이 바른 것을 고르세요.

1. Tom runs as quickly as John.

   a. Tom은 John만큼 빨리 달린다.

   b. Tom은 John보다 빨리 달린다.

2. This room is as clean as our classroom.

   a. 우리 교실은 이 방만큼 깨끗하다.

   b. 이 방은 우리 교실만큼 깨끗하다.

E 다음 우리말과 같은 뜻이 되도록 ( ) 안의 말을 바르게 배열하세요.

1. 그녀는 그녀의 언니만큼 예쁘다. (as / her sister / pretty / as)

  ➡ She is _____.

2. Mike는 Ann만큼 춤을 잘 춘다. (well / Ann / as / as)

  ➡ Mike dances _____.

3. 음식은 물만큼 중요하다. (water / as / important / as)

  ➡ Food is _____.

4. 그 토끼는 내 손만큼 작았다. (my hand / as / little / as)

  ➡ The rabbit was _____.

5. Ella는 Lily만큼 인기 있다. (as / popular / Lily / as)

  ➡ Ella is _____.

Unit 17 비교급

Ⓐ 다음 중 원급과 비교급의 연결이 바르지 <u>않은</u> 것은?

1. ① warm – warmer ② pretty – prettier
   ③ hard – harder ④ many – manier
   ⑤ light – lighter

2. ① long – longer ② wide – wider
   ③ popular – more popular ④ bad – worse
   ⑤ young – more young

Ⓑ 다음 빈칸에 들어갈 말로 알맞은 것은?

1. John is _____ than Tom.
   a. more strong b. stronger

2. This singer is _____ than the actor.
   a. more famous b. famouser

3. Your bag is _____ than mine!
   a. larger b. largeer

Ⓒ 다음 ( ) 안에서 알맞은 것을 고르세요.

1. My room is (biger / bigger) than my sister's room.

2. This flower is (prettier / more pretty) than that one.

3. This book is (thiner / thinner) than my book.

4. I am (happier / more happy) than my brother.

5. Mike is (taller / more tall) than Jake.

D 다음 표를 보고 ( ) 안의 단어를 이용하여 빈칸에 들어갈 알맞은 말을 쓰세요.

A	B
3,000 won	2,000 won

1. _____ is cheaper than _____.

2. A is _____ than B. (expensive)

Susie	Jessica
140 cm	142 cm

3. Susie is _____ than Jessica. (short)

4. _____ is taller than _____.

E 다음 ( ) 안의 단어를 이용하여 비교급 문장을 완성하세요.

1. This building is _____ that house. (old)

2. My hands are _____ yours. (small)

3. Today is _____ yesterday. (hot)

4. He is _____ his brother. (careful)

F 다음 문장에서 <u>잘못된</u> 부분을 찾아 문장을 바르게 고쳐 쓰세요.

1. A car is more fast than a bicycle.

➡ _____

2. This sofa is comfortabler than that one.

➡ _____

3. My shoes are nicer yours.

➡ _____

4. That bottle is more heavy than this one.

➡ _____

Unit 18 최상급

Ⓐ 다음 ( ) 안에서 알맞은 것을 고르세요.

1. I am the (most short / shortest) person in this group.

2. This is the (most delicious / deliciousest) pizza.

3. Everest is the (hightst / highest) mountain in the world.

4. The actor is the (handsomest / most handsome) man.

5. She has (longest / the longest) hair in my class.

Ⓑ 다음 우리말과 같은 뜻이 되도록 〈보기〉의 단어를 이용하여 문장을 완성하세요.

| 〈보기〉 | good | careful | scary |
| | strong | difficult | long |

1. 저 질문은 그 책에서 가장 어려운 것이었다.

➡ That question was _____ one in the book.

2. 그것은 그 영화관에서 가장 무서운 영화였다.

➡ It was _____ movie in the theater.

3. 그녀는 그녀의 반에서 가장 신중한 여자아이다.

➡ She is _____ girl in her class.

4. Mina는 우리 반에서 가장 힘이 센 학생이다.

➡ Mina is _____ student in my class.

5. 그것은 그 도서관에서 가장 좋은 책이었다.

➡ It was _____ book in the library.

6. 이 기린은 이 동물원에서 가장 긴 목을 가지고 있다.

➡ This giraffe has _____ neck in this zoo.

C 다음 문장에서 밑줄 친 부분을 고쳐 문장을 다시 쓰세요.

1. Tom has the <u>bigest</u> bag in his class.

➡ _____

2. That was the <u>baddest</u> smell.

➡ _____

3. He is <u>oldiest</u> person in this room.

➡ _____

4. It is the <u>most fastest</u> animal in the world.

➡ _____

D 다음 빈칸에 들어갈 말로 알맞은 것은?

1. Jenny is _____ person in her family.

① the most young   ② the most oldest

③ the most tallest   ④ the shortest

⑤ the carefulest

2. The man is _____ actor in Korea.

① the richest   ② the handsomest

③ the popularest   ④ the famousest

⑤ the most strong

E 다음 빈칸에 들어갈 말로 알맞지 <u>않은</u> 것은?

1. It is _____ flower in this garden.

① the most beautiful   ② the prettiest

③ the most biggest   ④ the cheapest

⑤ the most expensive

2. I want _____ gloves in this store.

① the smallest   ② the largest

③ the longest   ④ the most nicest

⑤ the best

memo ✎

초 등 코 치

✦✦✦ 천일문 시리즈 ✦✦✦

sentence [센텐스] *1,2,3,4,5*

1001개 통문장 암기로 완성하는 영어의 기초

grammar [그래머] *1,2,3*

1001개 예문으로 배우는 초등 영문법

voca&story [보카&스토리] *1,2*

1001개의 초등 필수 어휘와 짧은 스토리

EGU
THE EASIEST GRAMMAR&USAGE

EGU 시리즈 소개

EGU
서술형 기초 세우기

영단어&품사

서술형·문법의 기초가 되는
영단어와 품사 결합 학습

문장 형식

기본 동사 32개를 활용한
문장 형식별 학습

동사 써먹기

기본 동사 24개를 활용한
확장식 문장 쓰기 연습

EGU
서술형·문법 다지기

문법 써먹기

개정 교육 과정
중1 서술형·문법 완성

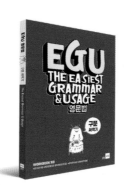

구문 써먹기

개정 교육 과정
중2, 중3 서술형·문법 완성

쎄듀북닷컴(www.cedubook.com)에서 부가 자료를 무료로 다운로드할 수 있습니다.

쎄듀

쎄듀 초·중등 커리큘럼

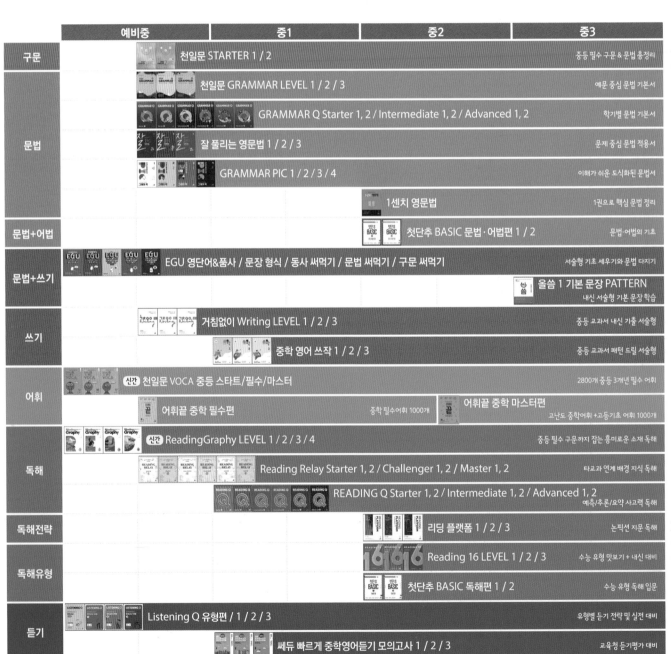

	예비초	초1	초2	초3	초4	초5	초6
구문		천일문 365 일력 | 초1-3 | 교육부 지정 초등 필수 영어 문장		초등코치 천일문 SENTENCE 1001개 통문장 암기로 완성하는 초등 영어의 기초			
문법					초등코치 천일문 GRAMMAR 1001개 예문으로 배우는 초등 영문법		
			왓츠 Grammar		Start (초등 기초 영문법) / Plus (초등 영문법 마무리)		
독해				왓츠 리딩 70 / 80 / 90 / 100 A / B 쉽고 재미있게 완성되는 영어 독해력			
어휘			초등코치 천일문 VOCA&STORY 1001개의 초등 필수 어휘와 짧은 스토리				
		패턴으로 말하는 초등 필수 영단어 1 / 2		문장 패턴으로 완성하는 초등 필수 영단어			
ELT	Oh! My PHONICS 1 / 2 / 3 / 4		유·초등학생을 위한 첫 영어 파닉스				
	Oh! My SPEAKING 1 / 2 / 3 / 4 / 5 / 6		핵심 문장 패턴으로 더욱 쉬운 영어 말하기				
	Oh! My GRAMMAR 1 / 2 / 3		쓰기로 완성하는 첫 초등 영문법				

	예비중	중1	중2	중3
구문	천일문 STARTER 1 / 2			중등 필수 구문 & 문법 총정리
문법	천일문 GRAMMAR LEVEL 1 / 2 / 3			예문 중심 문법 기본서
	GRAMMAR Q Starter 1, 2 / Intermediate 1, 2 / Advanced 1, 2			학기별 문법 기본서
	잘 풀리는 영문법 1 / 2 / 3			문제 중심 문법 적용서
	GRAMMAR PIC 1 / 2 / 3 / 4			이해가 쉬운 도식화된 문법서
		1센치 영문법		1권으로 핵심 문법 정리
문법+어법		첫단추 BASIC 문법·어법편 1 / 2		문법·어법의 기초
문법+쓰기	EGU 영단어&품사 / 문장 형식 / 동사 써먹기 / 문법 써먹기 / 구문 써먹기			서술형 기초 세우기와 문법 다지기
				올씀 1 기본 문장 PATTERN 내신 서술형 기본 문장 학습
쓰기	거침없이 Writing LEVEL 1 / 2 / 3			중등 교과서 내신 기출 서술형
	중학 영어 쓰작 1 / 2 / 3			중등 교과서 패턴 드릴 서술형
어휘	신간 천일문 VOCA 중등 스타트/필수/마스터			2800개 중등 3개년 필수 어휘
	어휘끝 중학 필수편		중학 필수어휘 1000개	어휘끝 중학 마스터편 고난도 중학어휘 +고등기초 어휘 1000개
독해	신간 ReadingGraphy LEVEL 1 / 2 / 3 / 4			중등 필수 구문까지 잡는 흥미로운 소재 독해
	Reading Relay Starter 1, 2 / Challenger 1, 2 / Master 1, 2			타교과 연계 배경 지식 독해
	READING Q Starter 1, 2 / Intermediate 1, 2 / Advanced 1, 2			예측/추론/요약 사고력 독해
독해전략		리딩 플랫폼 1 / 2 / 3		논픽션 지문 독해
독해유형		Reading 16 LEVEL 1 / 2 / 3		수능 유형 맛보기 + 내신 대비
		첫단추 BASIC 독해편 1 / 2		수능 유형 독해 입문
듣기	Listening Q 유형편 / 1 / 2 / 3			유형별 듣기 전략 및 실전 대비
		쎄듀 빠르게 중학영어듣기 모의고사 1 / 2 / 3		교육청 듣기평가 대비

천일문
grammar

✦ 정답과 해설 ✦

3

Find the Rule
1 ☑ 2 ☑ 4 ☑ 5 ☑

Apply the Rule
02 → Do → Doing
03 → are → is
06 → Geting → Getting
10 → Bite → Biting

Make Your Own
1. Eating fruits, is, good
2. Making dolls, is, fun

Exercises   p.15

Ⓐ 1. coming
3. cooking
5. sleeping
7. eating
9. work
2. swim
4. buying
6. learn
8. practicing
10. reading
▶ 「동사원형＋-ing」 형태를 '동명사'라고 하며 동명사 주어는 문장에서 주어 역할을 한다.

Ⓑ 1. Saving   2. Playing

3. Riding
5. Sitting
7. is
4. Eating
6. Getting up
8. is

Ⓒ 1. Cutting
3. Eating
5. Listening
2. Keeping
4. Choosing
6. Driving

Ⓓ 1. b   2. b   3. a   4. b
▶ 동명사는 '~하는 것'으로 해석한다.

Ⓔ 1. Running
3. Making
5. is
2. is
4. is
6. Taking

Ⓕ 1. Playing on the road is very dangerous.
2. Taking off your shoes is a rule here.
3. Writing a long story is difficult.
4. Learning new things is interesting.
5. Drawing pictures is my sister's hobby.

Find the Rule
1 ☑ 3 ☑ 4 ☑

Apply the Rule
01 → worried → worrying
03 → swim → swimming
05 → lookings → looking
08 → did → doing

Make Your Own
1. like, playing, soccer
2. started, learning, English

Exercises   p.21

Ⓐ 1. singing, 목적어
2. going, 목적어
3. Playing, 주어
4. studying, 목적어
5. Sleeping, 주어
6. reading, 목적어
▶ 동명사는 문장에서 주어 또는 목적어 역할을 할 수 있다. 목적어 역할을 할 때는 동사 뒤에 쓰여 '~하는 것을', '~하기를'로 해석된다.

Ⓑ 1. running   2. writing

3. learning **4.** baking
5. sitting

C **1.** drawing
2. going home
3. finished doing
4. like playing
5. avoids eating
6. swimming
7. like studying
8. started cooking
9. gave up finding
10. kept telling

D **1.** b **2.** a **3.** b

E **1.** having **2.** baking
3. practicing **4.** pushing
5. asking **6.** playing
▶ 목적어 자리에는 동사가 올 수 없으므로 동명사 형태로 써야 한다.

F **1.** listening to music
2. wearing a dress
3. going to the movies
4. waiting in line
5. telling the truth
6. writing a diary

Unit | 03 to부정사 목적어
p.24

Find the Rule
1 ☑ 4 ☑ 5 ☑

Apply the Rule
02 → sees → see
04 → helped → help
05 → go to → to go
09 → playing → play

Make Your Own
1. want, to buy, shoes
2. began, to read, a book

Exercises
p.27

A **1.** to work **2.** to go **3.** to finish
4. to be **5.** to join **6.** to learn
7. to call **8.** to move

B **1.** b **2.** a **3.** b **4.** a

C **1.** to hear **2.** to study **3.** to snow
4. to eat **5.** to travel

D **1.** watch **2.** be **3.** to eat
4. to learn **5.** go **6.** get
7. think
▶ 3. 동사 need의 목적어 자리이므로 to eat 이 알맞다.
4. 동사 decided의 목적어 자리이므로 to learn이 알맞다.
5. 「to+동사원형」 형태이므로 go가 알맞다.

E **1.** X, → to sit
2. X, → to be
3. O
4. O
5. X, → to go
6. X, → to visit

F **1.** to do the homework first
2. to visit Canada again
3. to go to the beach
4. to tell the truth
5. to clean my room
6. to practice the guitar

Unit | 04 to부정사의 부사적 역할 (목적)

p.30

Find the Rule
1 ☑ 4 ☑

Apply the Rule
01 → catch to → to catch
02 → helping → help
08 → exercises → exercise
09 → is → be

Make Your Own
1. uses, the oven, to bake
2. get up, early, to have

Exercises
p.33

A 1. to take, ~하기 위해서
2. to tell, ~하는 것을
3. to talk, ~하기 위해서
4. to meet, ~하기 위해서
5. to take, ~하는 것을
6. to catch, ~하기 위해서
▶ to부정사가 동사의 목적어로 쓰이면 '~하는 것을'로 해석하고, 부사적 용법으로 목적을 나타내면 '~하기 위해서'로 해석한다.

B 1. to win   2. to buy
3. to read   4. to do
5. to smell

C 1. to visit my grandmother
2. to cut the cake
3. to ask a question
4. to study English
5. to talk to the teacher
6. to watch TV

D ③

E 1. He took a bus to go there.
2. We went to the library to borrow some books.
3. I practice every day to play the piano well.
4. She cut vegetables to make soup.

F 1. ①   2. ⑤
▶ 1. ①의 밑줄 친 to부정사는 동사 wanted의 목적어로 쓰였으므로 '~하는 것을'로 해석하고, 나머지는 모두 목적을 나타내므로 '~하기 위해서'로 해석한다.
2. ⑤의 밑줄 친 to부정사는 목적을 나타내므로 '~하기 위해서'로 해석하고, 나머지는 모두 동사의 목적어로 쓰였으므로 '~하는 것을'로 해석한다.

Unit | 05 2형식과 감각동사 (동사+명사/형용사)

p.36

Find the Rule
1 ☑ 2 ☑ 3 ☑

Apply the Rule
05 → different looks → looks different
07 → softly → soft
09 → nice smells → smells nice
10 → sweetly → sweet

Make Your Own
1. look, happy
2. smells, nice

Exercises
p.39

A 1. are, students
2. looks, beautiful
3. smell, sweet
4. feels, soft
5. sounds, angry
6. tastes, great
▶ be동사 뒤에는 보어로 명사나 형용사가 오

고, 감각동사 look, smell, feel, sound, taste 뒤에는 보어로 형용사가 온다.

▶ 부사는 보어 자리에 올 수 없다.

B 1. feels cold   2. look tired
    3. smell fresh   4. sounds sad
    5. tastes sour

D 1. ④   2. ③
▶ 감각동사가 쓰인 문장에서 명사는 보어로 쓰일 수 없다.

C 1. great   2. nice
    3. perfect   4. delicious
    5. kind   6. happy
    7. soft

E ②
▶ ② 감각동사 feel의 보어 자리에는 형용사 warm이 와야 알맞다.

F 1. ②   2. ⑤   3. ④   4. ③

Unit | 06 3형식 (동사+명사)
p.42

Find the Rule
1 ✓   3 ✓   4 ✓

Apply the Rule
01 → they → them
02 → its → it
07 → a cake made → made a cake
09 → some snacks ate
    → ate some snacks

Make Your Own
1. play, soccer
2. knows, us

Exercises
p.45

A 1. soccer   2. math
    3. the window   4. the room
    5. dinner   6. her
    7. some water   8. a song
▶ 3형식 문장에서 목적어는 동사 뒤에 온다.

B 1. him   2. had pizza
    3. it   4. her
    5. have a math exam
    6. them   7. me
    8. plays the piano

▶ 목적어 자리에 인칭대명사가 오는 경우 목적격으로 쓴다.

C 1. free   2. sweet
    3. its   4. new
    5. your   6. his dirty
    7. we   8. she
    9. funny   10. they
▶ 목적격이 아닌 인칭대명사나 형용사는 목적어로 쓰일 수 없다.

D 1. They learn English.
    2. He wants a new car.
    3. They drink orange juice.
    4. I moved a chair.

E ④

F ⑤
▶ ⑤ 목적어 자리이므로 목적격 인칭대명사 him을 써야 옳다.

G 1. ⑤   2. ①
▶ 1, 2. 1번의 ⑤와 2번의 ①은 「주어+동사+보어」로 이루어진 2형식 문장이다.

Find the Rule
1 ☑ 2 ☑ 4 ☑ 5 ☑ 6 ☑
▶ 동사 뒤에 오는 목적어 자리에는 모두 목적격
  인칭대명사가 쓰였다.

Apply the Rule
01 → your → you
03 → we → us
05 → a letter her → her a letter
09 → a hat him → him a hat

Make Your Own
1. gave, her, the book
2. told, her friends, a secret

Exercises   p.51

🅐 1. me, new shoes
　 2. her, the book
　 3. them, my new dress
　 4. us, some juice
　 5. you, a doll
　 6. us, a big picture
　 ▶ 동사 buy, bring, show, give, make,
　 show가 '~에게 …을 (해) 주다'라는 의미
　 로 쓰일 때는 목적어가 두 개 필요하다.
　 이때 목적어는 「간접목적어(~에게)+직접
　 목적어(…을/…를)」의 순서로 쓰인다.

🅑 1. his   2. my
　 3. this pretty   4. surprising
　 5. your   6. he
　 7. very new   8. wonderful

🅒 1. X, → me   2. X, → his
　 3. O   4. O
　 5. O
　 6. X, → bought him
　 7. X, → me   8. O

🅓 1. ③   2. ③   3. ②   4. ②
　 5. ③   6. ①   7. ②

🅔 1. I showed Jenny my room.
　 2. Jake gave me a present.
　 3. My dad bought my mom
　 flowers.
　 4. Jane gave her sister some milk.
　 5. We made her a card.
　 6. You told him a lie.
　 ▶ 간접목적어는 '~에게'로, 직접목적어는
　 '…을/…를'로 해석한다.

🅕 ⑤
　 ▶ ⑤ 주어와 동사 뒤에 간접목적어와 직접
　 목적어가 알맞게 왔고, 간접목적어 자리에
　 목적격 인칭대명사 her가 바르게 쓰였다.

Unit | 08 주어 자리에 오는 것   p.54

Find the Rule
1 ☑ 2 ☑ 3 ☑ 4 ☑ 6 ☑
▶ 주어가 단수면 동사도 단수로, 주어가 복수면
  동사도 복수로 쓰였다.

Apply the Rule
03 → Him → He
06 → sisters → sister
08 → shoe → shoes
10 → Tell → Telling

Make Your Own
1. Those, cookies, look
2. My, friend, doesn't[does not], like

Exercises   p.57

🅐 1. ③   2. ②   3. ①   4. ⑤
　 ▶ 주어 자리에 명사, 대명사, 동명사는 올 수
　 있지만 동사나 형용사는 올 수 없다.

B 1. It   2. She
   3. His school   4. This bag
   5. My family   6. The garden
   7. Reading
   8. Ben and his friend
   9. Many students
  10. Those

C 1. The door is open.
   2. These shoes are Jake's.
   3. They are cleaning the
     classroom.
   4. Swimming is great exercise.
   5. The students will take a bus.

D 1. ④   2. ③   3. ⑤
   ▶ 1. 동사가 are이므로 보기 중 주어 자리에
      올 수 있는 것은 복수인 These이다.
     2. 동사가 주어 자리에 오려면 Baking과

같이 동명사 형태가 되어야 한다.
   3. 동사가 3인칭 단수형 likes이므로 주어
     자리에는 단수 형태가 와야 한다.

E 1. X, → looks
   2. X, → Playing
   3. O
   4. X, → are
   5. O
   6. X, → is
   7. X, → have
   ▶ 1. 주어 This shirt가 단수 명사이므로 동사
      자리에는 3인칭 단수형 looks가 알맞다.
     6. 동명사가 주어로 쓰일 때는 동사를 반
      드시 단수 형태로 써야 한다.
     7. 주어 Elephants가 복수 명사이므로 동
      사 자리에는 have가 와야 한다.

F 1. ④   2. ②   3. ③

Unit | 09 보어 자리에 오는 것   p.60

Find the Rule
1 ☑   2 ☑   3 ☑   4 ☑

Apply the Rule
01 → students are → are students
03 → Sam is → is Sam
06 → truly → true
09 → sadly → sad

Make Your Own
1. were, busy
2. sounds, funny

Exercises   p.63

A 1. her book, 명사   2. busy, 형용사
   3. my dogs, 명사   4. sweet, 형용사
   5. good, 형용사   6. boring, 형용사
   7. a lion, 명사   8. sad, 형용사
   9. a nurse, 명사   10. warm, 형용사
   ▶ 보어 자리에는 명사나 형용사를 쓰는데,
     look, feel, sound, smell, taste 등의 감각
     동사의 보어로는 형용사만 쓰인다.

B 1. short   2. delicious
   3. great   4. soft
   5. sleepy   6. easy

C 1. taste spicy
   2. is my friend
   3. feels soft
   4. is tall
   5. sounds beautiful

D 1. O   2. O
   3. X, → kind   4. O
   5. X, → bad   6. X, → nice
   ▶ 3. 문장의 보어 자리이므로 부사 kindly는
      올 수 없다.
     5. 문장의 보어 자리이므로 부사 badly는
      올 수 없다.
     6. 문장의 보어 자리이므로 부사 nicely는
      올 수 없다.

E 1. My mom is a teacher.
   2. The ice cream tastes good.

3. The movie was interesting.

4. The students look so tired.

5. You were brave.

Unit | 10 목적어 자리에 오는 것　　p.66

Find the Rule

2 ☑ 3 ☑ 4 ☑ 5 ☑ 6 ☑

Apply the Rule

02 → he → him

06 → my → me

08 → do → doing

09 → buy → to buy

Make Your Own

1. plays, the piano

2. want, to go

Exercises　　p.69

Ⓐ 1. him　　　　**2.** a bag

　　3. to sleep　　**4.** some bread

　　5. to play soccer **6.** the newspaper

　　7. me, a secret　**8.** my notebook

　　9. to sing　　　**10.** John

　　▶ **7.** tell은 뒤에 두 개의 목적어가 오는 동사
　　이다.

Ⓑ ①, ④, ⑤, ⑥, ⑦, ⑧, ⑩

　　▶ 목적어 자리에는 명사, 대명사, 동명사, to

부정사가 쓰인다.

Ⓒ 1. ☑　3. ☑　4. ☑　6. ☑　7. ☑　8. ☑

Ⓓ 1. her　　　**2.** me a bicycle

　　3. to cry　　**4.** learning English

Ⓔ 1. ③　　　　**2.** ③　　　　**3.** ③

　　4. ②　　　　**5.** ②

　　▶ **3.** 「show + 간접목적어(~에게) + 직접목
　　　적어(~을/~를)」에서 a picture는 '사진
　　　을'로 해석되므로 me 뒤에 와야 한다.

　　　4. 「give + 간접목적어(~에게) + 직접목적
　　　어(~을/~를)」에서 my teacher는 '선
　　　생님께'로 해석되므로 동사 gave 뒤에
　　　와야 한다.

Ⓕ 1. They watched a soccer game.

　　2. She wrote a letter.

　　3. He likes to swim in the sea.

　　4. Mom made me some cookies.

　　5. I hope to meet him.

　　6. Jane finished doing her
　　homework.

Unit | 11 부가의문문　　p.72

Find the Rule

1 ☑ 2 ☑ 4 ☑ 5 ☑ 6 ☑ 7 ☑

Apply the Rule

03 → the boys → they

04 → did not → didn't

07 → is → was

09 → didn't → did

Make Your Own

1. doesn't, it

2. are, they

Exercises　　p.75

Ⓐ 1. weren't you　**2.** isn't he

　　3. did they　　**4.** can we

　　5. are they　　**6.** didn't she

7. does he
▶ 앞에 일반동사가 쓰이면 동사의 시제와 수에 따라 do/does/did를 쓰고, be동사나 조동사일 때는 그대로 쓴다.

Ⓑ **1.** she doesn't   **2.** they do
   3. it wasn't   **4.** it did
   5. I wasn't   **6.** they didn't
   7. he can   **8.** she is
▶ 부가의문문의 내용과 상관없이 대답이 긍정일 때는 Yes, 부정일 때는 No를 사용한다.

Ⓒ **1.** didn't   **2.** cannot[can't]
   3. didn't call   **4.** doesn't
   5. weren't   **6.** she
   7. do   **8.** they
   9. like   **10.** stayed

Ⓓ **1.**-c   **2.**-e   **3.**-f   **4.**-g
   5.-a   **6.**-b   **7.**-d

Ⓔ ④
▶ ④ 앞 내용이 긍정, 주어는 Your brother, 동사는 일반동사의 현재형이므로 대명사 he와 does를 사용한 부가의문문 doesn't he가 올바르다.

Ⓕ **1.** aren't they, they are
   2. isn't it, it isn't
   3. can't she, she can
   4. do you, I don't
   5. didn't he, he did
   6. were they, they weren't
▶ 부가의문문에서 Tom and Jenny는 they로, That hat은 it으로, Your sister는 she로, Ben은 he로 바꿔 써야 한다.

Unit | 12 접속사 and/but/or   p.78

Find the Rule
1☑ 2☑ 3☑ 5☑

Apply the Rule
01 → or → and
02 → slow → slowly
06 → and → or
08 → listening → listen

Make Your Own
1. clean, and, beautiful
2. tall, but, short

Exercises   p.81

Ⓐ **1.** and, 그리고   **2.** but, 하지만
   3. and, 그리고   **4.** or, 혹은
   5. but, 하지만   **6.** or, 혹은

Ⓑ **1.** but   **2.** and   **3.** or   **4.** and
   5. or   **6.** but
▶ 서로 비슷한 내용을 연결할 때는 and, 앞 내용과 반대되는 내용이 나올 때는 but, 선택해야 하는 내용이 나올 때는 or를 쓴다.

Ⓒ **1.** lazy   **2.** juice
   3. soup and bread
   4. delicious   **5.** kindly

Ⓓ **1.** or   **2.** but
   3. and, danced   **4.** Mary and Mike
▶ and, or, but은 같은 종류의 단어들을 연결한다.

Ⓔ **1.** but   **2.** and   **3.** or   **4.** but
   5. but   **6.** or   **7.** but   **8.** and

Ⓕ **1.** or   **2.** and   **3.** help   **4.** or
   5. heavy **6.** and

Ⓖ **1.** I went to the library, and my sister went home.
   2. The boys went outside, but the girls stayed inside.
   3. He washed the windows, and she cleaned the kitchen.
   4. It was Amy's birthday, but Eric didn't know it.

Unit | 13 명령문, and/or ~   p.84

Find the Rule
1☑ 3☑ 4☑ 5☑ 6☑ 7☑

Apply the Rule
02 → Goes → Go
03 → or → and
08 → and → or
10 → and → or

Make Your Own
1. Run, and
2. Go, or

Exercises p.87

Ⓐ 1. or, 그렇지 않으면   2. and, 그러면
   3. and, 그러면   4. and, 그러면
   5. or, 그렇지 않으면   6. or, 그렇지 않으면
   ▶ 「명령문, and ~」는 '~해라, 그러면 ~할
     것이다'로 해석하고 「명령문, or ~」는 '~
     해라, 그렇지 않으면 ~할 것이다'로 해석
     한다.

Ⓑ 1. b   2. a   3. b   4. b

Ⓒ 1. and   2. or   3. or
   4. and   5. and   6. or

Ⓓ 1. Be, or the baby will wake up
   2. Talk, and she will help you
   3. Take, or he will cry
   4. Cross, and you will find the
     park
   5. Dry, or you will feel cold

Ⓔ 1. Be   2. or   3. and
   4. and   5. Wait
   ▶ 1, 5. 명령문은 동사원형으로 문장을 시작
     한다.

Ⓕ 1. Leave now, or you will[you'll]
     be late.
   2. Open it, and you will[you'll]
     hear the music.
   3. Stay here, and he will[he'll]
     find you.
   4. Call your mom, or she
     will[she'll] be worried.

Unit | 14 접속사 that   p.90

Find the Rule
1☑ 2☑ 3☑ 4☑

Apply the Rule
02 → this book that → that this book
04 → are monkeys → monkeys are
05 → like you → you like
08 → but → that

Make Your Own
1. think, that, the cake, is
2. know, that, you, have

Exercises p.93

Ⓐ 1. it, is
   2. I, went
   3. you, are
   4. my family, is
   5. she, liked
   6. dolphins, are

Ⓑ 1. b   2. a   3. b

Ⓒ 1. ④   2. ⑤   3. ③
   ▶ 접속사 that 뒤에는 반드시 「주어+동사
     ~」가 있어야 한다.

D **1.** ② **2.** ① **3.** ④
4. ③ **5.** ②
▶ say, think, know, believe, hope 등의 동사 뒤에 「that＋주어＋동사」가 목적어로 올 수 있다.

E ⑤
▶ ⑤의 that은 뒤에 오는 명사 car를 꾸며 주는 지시형용사로 쓰여 '저 ～'라고 해석한다. 나머지는 모두 접속사로 쓰여 '～인 것/～하다는 것'으로 해석한다.

F **1.** that you can fix
2. that he was
3. that this book is
4. that her friend likes
5. that the picture is

G **1.** I believe that she is honest.
2. You know that I'm late for school.
3. Amy said that he lied to me.
4. They think that the girl is kind.
5. He hopes that he can run fast.

Unit | 15 접속사 when/because
p.96

Find the Rule
1☑ 3☑ 4☑ 5☑ 6☑

Apply the Rule
01 → When → When I
03 → And → When
04 → because → when
08 → but → because

Make Your Own
1. When, I, have
2. Because, he, missed

Exercises
p.99

A **1.** when, ～할 때
2. because, ～하기 때문에
3. X
4. When, ～할 때
5. Because, ～하기 때문에
▶ '～할 때'라는 뜻으로 때를 나타낼 때는 접속사 when을 쓰고, '～하기 때문에'라는 뜻으로 이유를 나타낼 때는 접속사 because를 쓴다.
▶ 3. When이 의문사로 쓰였다.

B **1.** because **2.** when **3.** When

4. because **5.** when **6.** When

C **1.**-d **2.**-f **3.**-a
4.-e **5.**-b **6.**-c

D **1.** When **2.** because
3. because **4.** when
5. because **6.** When

E **1.** ② **2.** ③ **3.** ② **4.** ②

F **1.** because he was sick
2. because she likes it
3. when we watch movies
4. Because it snowed a lot,
5. When she reads a book,
6. When I watch TV,
7. because he studied hard
8. When they were young,
▶ 4, 5, 6, 8. 접속사 when, because가 문장 맨 앞에 올 때 쉼표(,)를 붙여서 쓴다.

G ③
▶ ③은 매운 음식을 먹을 때 물을 많이 마신다는 의미로 When이 들어가야 알맞다.

Unit | 16 원급

p.102

Find the Rule
1☑ 3☑ 4☑

Apply the Rule
02 → as is → is as
05 → Ben as → as Ben
06 → easy → as easy
08 → new → new as

Make Your Own
1. as, tall, as
2. as, high, as

Exercises

p.105

Ⓐ 1. his sister   2. mine
   3. fruit   4. tall as
   5. city

Ⓑ 1. as big as   2. as difficult as
   3. as good as   4. as loudly as
   5. as simple as   6. as high as
   ▶ 성질이나 상태가 비슷한 두 가지 대상을
     비교할 때 「as+형용사/부사+as」를 사용
     하고 '...만큼 ~한/~하게'로 해석한다.

Ⓒ 1. X, → as short
   2. O
   3. X, → as that cat
   4. X, → as yours
   5. O
   6. X, → as beautifully
   7. O

Ⓓ 1. as early as my mom
   2. as light as this empty box
   3. as handsome as the actor
   4. as old as your brother
   5. as well as Julie

Ⓔ 1. I am as tall as you.
   2. I am as old as my cousin.
   3. This box is as heavy as that box.
   4. Your cat is as friendly as my dog.
   5. This bridge is as long as that bridge.
   6. She gets up as early as Mike.
   7. My brother is as smart as Jane.

Ⓕ ④

Unit | 17 비교급

p.108

Find the Rule
1☑ 2☑ 4☑ 5☑ 6☑

Apply the Rule
01 → as → than
04 → niceer → nicer
06 → heavyer → heavier
07 → biger → bigger

Make Your Own
1. taller, than
2. faster, than

Exercises

p.111

Ⓐ 1. larger, 더 큰
   2. happier, 더 행복한
   3. better, 더 좋은
   4. taller, 더 키가 큰
   5. more careful, 더 조심스러운
   6. busier, 더 바쁜
   7. more beautiful, 더 아름다운
   ▶ 형용사와 부사의 비교급은 보통 형용사/부
     사에 -er을 붙이고, 3음절 이상의 단어 앞
     에는 more를 붙인다.

B 1. bigger　　　2. better
3. worse　　　4. closer
5. more difficult　6. shorter
7. louder
8. more expensive
9. higher
▶ 두 가지를 비교할 때는 「비교급+than」을
쓴다.

C 1. smaller　　　2. younger
3. darker　　　4. heavier
5. cheaper

D 1. faster　　　2. bigger
3. thinner　　　4. hotter

5. easier
6. more interesting
7. more expensive
8. longer

E 1. bigger than
2. heavier than
3. more expensive than
4. faster than
5. more games than

F ④
▶ more nice를 nicer로 고쳐야 알맞다.

Unit | 18 최상급 　　　　　　　p.114

Find the Rule
1✓ 2✓ 3✓ 5✓ 6✓ 7✓

Apply the Rule
03 → largest the → the largest
04 → niceest → nicest
06 → bigest → biggest
10 → popularest → most popular

Make Your Own
1. the, most, popular
2. the, biggest

Exercises 　　　　　　　p.117

A 1. prettiest, 가장 예쁜
2. largest, 가장 큰
3. most delicious, 가장 맛있는
4. youngest, 가장 어린
5. longest, 가장 긴
6. best, 가장 좋은[최고의]
7. worst, 가장 나쁜[최악의]
▶ 형용사와 부사의 최상급은 보통 형용사/부

사에 −est를 붙이거나 앞에 most를 붙여
서 만든다.

B 1. thinnest　　　2. popular
3. nicest　　　4. closest
5. biggest　　　6. heaviest
7. most famous　8. fastest
▶ 셋 이상의 사람 또는 사물을 비교할 때는
「the+최상급」을 쓴다.

C 1. the most beautiful
2. the cheapest　3. the largest
4. the longest　5. the tallest
6. the smartest

D 1. best　　　2. shortest
3. famous　　　4. smallest
5. most　　　6. nicest

E 1. the tallest　　　2. the shortest
3. the heaviest　4. the lightest
5. the biggest　6. the smallest
7. the worst　　　8. the best

초 등 코 치

천일문
grammar

✦ ✦ ✦

WORKBOOK
정답과 해설

3

Unit | 01
p.2

A **1.** finishing **2.** deciding
3. stop **4.** giving up
5. looking for
▶ 동명사는 「동사 + -ing」 형태로 '~하는 것', '~하기'와 같이 해석한다.

B **1.** ⑤ **2.** ④

C **1.** is **2.** Eating
3. is **4.** Playing
5. is **6.** Getting
7. is **8.** Going to bed

D **1.** Reading books
2. Saving money
3. Listening to music
4. Swimming in the sea
5. Getting up late

E **1.** Playing with friends is fun.
2. Helping your parents is a good thing.
3. Taking pictures is her job.
4. Getting a perfect score is hard.

F ②
▶ ② 주어가 동명사인 경우 단수동사를 써야 하므로 are를 is로 고쳐야 알맞다.

Unit | 02
p.4

A **1.** ③ **2.** ④
▶ start, mind의 목적어 자리이므로 동명사 형태가 알맞다.

B **1.** shopping **2.** cleaning
3. studying **4.** baking
5. making

C **1.** I kept waiting for the bus.
2. I enjoyed reading the book.
3. My family finished eating dinner.
4. He practices playing the guitar every day.
5. She gave up studying Chinese.

D ④

▶ ④ talked는 동사 talk의 과거형으로 avoid 의 목적어로 쓰일 수 없다. 따라서 동명사 형태인 talking으로 바꾸는 것이 옳다.

E **1.** lying **2.** playing **3.** skiing
4. sitting **5.** drinking

F **1.** looking for the book
2. knocking on the door
3. doing her homework
4. watching baseball games
5. meeting new people

Unit | 03
p.6

A **1.** to fight **2.** win **3.** to work
4. to call **5.** finish

B **1.** to buy
2. to go
3. to save
4. to meet

C **1.** ④ **2.** ③ **3.** ⑤
▶ 빈칸은 모두 동사의 목적어 자리이므로 목적어 역할을 할 수 있는 to부정사가 와야 한다.

D **1.** to write **2.** to travel
3. to cry **4.** to answer
5. to go

E **1.** to play **2.** to exercise
3. to watch **4.** to help
5. to meet **6.** to tell
7. to sing **8.** to get

F ③

Unit | 04
p.8

A ④
▶ to부정사는 「to + 동사원형」 형태로, 부사적 용법으로 쓰일 때는 '~하기 위해'로 해석한다.

B ②
▶ ② opens를 open으로 고쳐야 옳다.

C ③
▶ ③의 to부정사는 '~하기 위해서'라는 의미

이지만, 나머지는 모두 '~하는 것을', '~하기를'이라는 뜻으로 동사의 목적어 역할을 한다.

D 1. to catch　　2. to get
　　3. to wash　　4. to finish

E 1. to give　　2. to do
　　3. visit　　4. to catch
　　5. to get

F 1.-e　　2.-d　　3.-c
　　4.-b　　5.-a

G 1. to help me
　　2. to open the box
　　3. to have dinner
　　4. to find her friend
　　5. to ask a question

Unit | 05　　　　　　　　p.10

A 1. b　　2. a　　3. a　　4. b

B 1. sounds　　2. looks　　3. smell
　　4. tastes　　5. look

C 1. That sounds nice.
　　2. These gloves feel warm.
　　3. The chocolate tastes sweet.
　　4. This milk smells bad.
　　5. He looks short.

D 1. ③　　2. ⑤
　　▶ 감각동사의 보어 자리에 형용사만 올 수 있으므로 부사는 올 수 없다.

E ③
　　▶ ③ deliciously를 delicious로 고쳐야 옳다.

Unit | 06　　　　　　　　p.12

A

	주어	동사	목적어
1.	She	drives	a car
2.	I	wash	my hands
3.	We	do	the work
4.	They	use	machines
5.	Tom	builds	houses
6.	Ann	draws	a picture

B 1. 그들은 나를 기억한다.
　　2. 그녀는 책을 읽는다.
　　3. 너는 편지를 쓴다.
　　4. 나는 사과를 먹는다.
　　5. 그 소년은 새 신발을 받았다.
　　6. 우리는 컴퓨터 게임을 했다.
　　7. 우리 선생님은 과학을 가르치신다.

C 1. She likes the singer.
　　2. Jenny asked something.
　　3. Ben has an umbrella.
　　4. We watched a movie.
　　5. They finished the homework.
　　▶ 3형식이므로 「주어 + 동사 + 목적어」 순서로 써야 한다.

D ②
　　▶ ②는 「주어 + 동사 + 보어」로 이루어진 2형식 문장이고, 나머지는 3형식 문장이다.

E ⑤
　　▶ ④는 3형식이 알맞게 쓰였지만 'Eric은 나를 파티에 초대했다.'로 해석되므로 주어진 우리말 문장과 뜻이 다르다.

Unit | 07　　　　　　　　p.14

A 1. b　　2. a　　3. a

B 1. ④　　2. ②　　3. ③
　　4. ②　　5. ④
　　▶ 4형식 문장은 「주어 + 동사 + 간접목적어 + 직접목적어」 순서로 쓴다.

C 1. them water　　2. him
　　3. me　　4. you a picture
　　5. her　　6. us a story
　　▶ 2, 3, 5. 간접목적어 자리이므로 목적격 인칭대명사가 와야 한다.

D 1. I showed them the picture.
　　2. I will give him orange juice.
　　3. He bought me an eraser.
　　4. Mom brought me some clothes.
　　5. She made us sandwiches.

E 1. ③　　2. ⑤

F ④
　　▶ ④는 「주어 + 동사 + 목적어」로 이루어진 3

형식 문장이고 나머지는 모두 4형식 문장
이다.

Unit | 08 p.16

A 1. The rain
   2. These cookies
   3. The door
   4. My grandparents
   5. Planning a trip

B 1. I   2. My notebook
   3. Children   4. These books
   5. Baking   6. They
   7. He   8. Studying
   9. Eating

C ⑤
   ▶ ⑤ 문장의 주어 자리에 동사는 올 수 없으
   므로 Get을 Getting으로 고쳐야 옳다.

D 1. ③   2. ④   3. ④
   ▶ 1. ③ 형용사 Easy는 주어로 쓸 수 없다.
   2. ④ 뒤에 단수동사 is가 왔으므로 복수
   명사 The bags는 쓸 수 없다.

E 1. This box, 이 상자는
   2. English and science, 영어와 과학은
   3. Making cookies, 쿠키를 만드는 것은
   4. Playing the piano, 피아노를 치는 것은
   5. That tall girl, 저 키가 큰 여자아이는
   6. Drawing pictures, 그림을 그리는 것은

Unit | 09 p.18

A 1. beautiful   2. heavy   3. thirsty
   4. nice   5. tired   6. sad
   7. sweet

B 1. smart   2. boxes   3. great
   4. nurse   5. sleepy   6. famous

C 1. The test was easy.
   2. The cake tastes great.
   3. My brother is careful.
   4. The girl looked sad.
   5. The bread smells delicious.

D 1. ②   2. ④

▶ 1. ② warmly를 warm으로 고쳐야 옳다.
   2. ④ strangely를 strange로 고쳐야 옳다.

E ⑤
   ▶ be동사의 보어로 명사나 형용사가 쓰일
   수 있다. 부사는 쓰일 수 없다.

Unit | 10 p.20

A 1. my homework   2. to join us
   3. the door   4. him, candies
   5. sleeping   6. Chinese
   7. that restaurant   8. fighting
   9. you, a gift   10. to cry

B 1. ☑ 3. ☑ 5. ☑ 7. ☑ 8. ☑
   9. ☑ 10. ☑
   ▶ 2, 4, 6. 2번의 very upset, 4번의 boring,
   6번의 sweet은 보어이다.

C 1. ④   2. ②
   ▶ 목적어 자리에 동사나 형용사는 올 수 없다.

D ①

E 1. She knows everyone.
   2. He finished reading the book.
   3. He told me the story.
   4. She wants to be a designer.
   5. She likes to watch movies.

Unit | 11 p.22

A 1. aren't they
   2. don't they
   3. did they
   4. is she
   5. didn't he
   6. was he
   7. doesn't she
   8. can't they

B 1.-c   2.-h   3.-d   4.-a
   5.-f   6.-e   7.-g   8.-b

C 1. weren't   2. can
   3. was she   4. doesn't

D 1. isn't he   2. don't you
   3. do you   4. are they

5. didn't[did not], he

E **1.** ④   **2.** ③

F ②
▶ ②의 빈칸에는 앞에 were가 쓰였으므로 weren't가 알맞고, 나머지는 일반동사 과거형에 대한 부가의문문이므로 didn't가 알맞다.

Unit | 12   p.24

A **1.** ③, and   **2.** ④, or   **3.** ④, but

B **1.** but   **2.** and   **3.** and
     4. or   **5.** but   **6.** and
▶ and는 '그리고', but은 '그러나', or는 '또는'이라는 뜻이다.

C **1.** or   **2.** and   **3.** but
     4. and   **5.** but

D **1.** or   **2.** and
     3. watches   **4.** carefully
     5. or   **6.** and
     7. and   **8.** or
     9. or
▶ **4.** 부사 slowly와 접속사 and로 연결되어 있으므로 부사 carefully가 알맞다.

E **1.** ⑤   **2.** ③

Unit | 13   p.26

A **1.** and   **2.** or   **3.** or   **4.** and
     5. or   **6.** and   **7.** and

B **1.** ①   **2.** ②

C ③

D ④
▶ ④ 빈칸에 들어갈 알맞은 말은 or이고 나머지 빈칸에는 모두 and가 알맞다.

E **1.** 이것을 마셔라, 그렇지 않으면
     2. 문을 닫아라, 그렇지 않으면
     3. 그 상자를 열어라, 그러면
     4. 그러면 너의 친구들이 너를 좋아할 것이다.
     5. 너의 방을 청소해라, 그렇지 않으면

Unit | 14   p.28

A **1.** ③   **2.** ②

B **1.** that, 그가 옳다고
     2. that, 그녀가 똑똑하다고
     3. that, 어제 그가 아팠다고
     4. that, John이 너를 좋아한다고
     5. that, 이것이 중요하다는 것을
▶ 접속사 that은 목적어절을 이끈다.

C **1.** ③   **2.** ②   **3.** ②   **4.** ②
     5. ②   **6.** ④   **7.** ②   **8.** ③

D **1.** that Jane can't come
     2. that you enjoy your vacation
     3. that the story is true
     4. that Tom is very funny
     5. that the man is a liar
     6. that he was busy yesterday
     7. that he is cute

Unit | 15   p.30

A **1.** ②   **2.** ③

B **1.** because, 그가 나에게 거짓말을 했기 때문에
     2. when, 내가 아홉 살이었을 때
     3. when, 내가 그 소식을 들었을 때는
     4. because, 그는 매우 피곤했기 때문에
     5. because, 그 영화가 슬펐기 때문에

C **1.** ①   **2.** ③
▶ 때를 나타낼 때는 접속사 when을 쓰고, 이유를 나타낼 때는 접속사 because를 쓴다.

D **1.** We go to the beach when
     2. I didn't go to school because
     3. When Anna was young
     4. because she is friendly
     5. when you went home
     6. because they are fun

Unit | 16 p.32

A 1. ③ 2. ⑤
▶ 1. 두 사람의 키가 같으므로 원급 표현 「as + 형용사[부사] + as」가 알맞다.

B 1. as easy as
2. as brave as
3. as beautiful as
4. as boring as

C ⑤

D 1. a 2. b

E 1. as pretty as her sister
2. as well as Ann
3. as important as water
4. as little as my hand
5. as popular as Lily

Unit | 17 p.34

A 1. ④ 2. ⑤
▶ 1. many의 비교급은 more이다.
2. young의 비교급은 younger이다.

B 1. b 2. a 3. a
▶ 뒤에 than이 있는 것으로 보아 비교급 표현이 알맞다.

C 1. bigger 2. prettier
3. thinner 4. happier
5. taller

D 1. B, A
2. more expensive
3. shorter
4. Jessica, Susie

E 1. older than
2. smaller than
3. hotter than
4. more careful than

F 1. A car is faster than a bicycle.
2. This sofa is more comfortable than that one.
3. My shoes are nicer than yours.
4. That bottle is heavier than this one.

Unit | 18 p.36

A 1. shortest
2. most delicious
3. highest
4. most handsome
5. the longest

B 1. the most difficult
2. the scariest
3. the most careful
4. the strongest
5. the best
6. the longest
▶ 최상급 앞에는 the를 붙인다.

C 1. Tom has the biggest bag in his class.
2. That was the worst smell.
3. He is the oldest person in this room.
4. It is the fastest animal in the world.

D 1. ④ 2. ①

E 1. ③ 2. ④
▶ 1. ③ the biggest로 고쳐야 알맞다.
2. ④ the nicest로 고쳐야 알맞다.

천일문
voca&story

1

+ 정답과 해설 +

초 등 코 치

천일문
voca&story

✦ ✦ ✦

정답과 해설

1

🎈 001~010 words    p.11

✏️ Fill in the Blanks

1. **big** | 이 케이크는 너무 커! 나는 다 먹을 수가 없어. 난 이미 배부르거든.

2. **next** | 모두 잘했어! 즐거운 주말 보내! 다음 주에 만나자.

3. **yesterday** | 오늘은 내 생일이야. 그런데 나는 대신에 어제 생일 파티를 했어.

4. **tells** | 마이크의 어머니는 매일 밤 멋진 이야기를 해 주지요. 마이크는 듣는 것을 정말 좋아해요.

5. **Join** | 같이 가자! 우리는 5시에 영화 보러 갈 거야. 그건 재미있을 거야.

6. **friend** | 케이트는 메리의 가장 친한 친구예요. 그들은 학교에서 모든 것을 함께하지요!

7. **here** | 여기 와 봐. 차 아래에 작은 강아지가 있어. 보여?

8. **sorry** | 제인은 매우 늦었어요. 그녀는 친구에게 말해요, "정말 미안해. 화났어?"

9. **please** | 저 좀 도와주시겠어요? 이 상자가 너무 무거워요! 전 그걸 들어 올릴 수가 없어요.

10. **week** | 일주일에는 7일이 있어요. 어떤 달력들에서는 첫 번째 날이 일요일이에요.

🎈 011~020 words   p.13

✏️ Fill in the Blanks

1. **hear** | 너 뭐라고 말했어? 잘 안 들려. 이곳은 너무 시끄러워!

2. **last** | 이번이 너의 마지막 기회야. 날 믿어, 넌 재미있게 놀 거야! 이 기회를 놓치지 마.

3. **want** | 너희 어머니는 요리를 잘하시는 분이야. 이 파스타는 정말 맛있어! 나 좀 더 먹고 싶어. 나 좀 먹어도 돼?

4. **Why** | 너 집에 왜 일찍 갔어? 몸이 아팠어? 다 괜찮은 거야?

5. **What** | 너희 집 고양이야? 이름이 뭐야? 너무 귀엽다! 난 고양이를 정말 좋아하거든.

6. **baseball** | 나는 집에 야구방망이가 있어. 너 그것이 필요해? 넌 그걸 빌려도 돼.

7. **another** | 우리 할머니는 다른 나라에서 살고 계세요. 나는 정말 할머니가 그리워요. 난 곧 할머니를 찾아뵙고 싶어요.

8. **has** | 케빈은 동생이 두 명 있어. 그의 가족은 다섯 명이야. 너는 어때?

9. **again** | 제이크의 삼촌은 일본으로 떠나요. 그는 말해요, "다음 여름에 다시 만나자."

10. **Where, Where** | 내 우산이 어디에 있지? 나는 그것을 찾을 수 없어. 내가 그걸 어디에 두었지?

🎈 021~030 words   p.15

✏️ Fill in the Blanks

1. **time** | 지금 몇 시야? 나는 4시에 바이올린 수업이 있어. 나는 지각하고 싶지 않아! 난 혼날 수도 있어.

2. **can** | 수잔은 수영을 매우 잘할 수 있어요. 그녀는 훌륭한 수영선수예요. 전 그녀처럼 수영을 잘하고 싶어요.

3. **birthday** | 생일 축하해! 이건 네 선물이야. 상자를 열어봐. 넌 맘에 들 거야.

4. **home** | 나는 어제 정말 늦게 집에 들어갔어. 우리 엄마는 매우 화나셨어.

5. **will, will** | 메리의 아빠는 메리를 위해 새 신발을 사 줄 거예요. 그녀는 매우 행복해할 거예요.

6. **idea** | 그건 좋은 생각이에요! 전 어머니를 위해 꽃을 살게요. 어머니는 아주 좋아하실 거예요.

7. **lying** | 피노키오야, 너 또 거짓말하고 있구나. 너의 코가 길어지고 있어. 사실대로 말해.

8. **find** | 나는 내 양말을 찾을 수가 없어요. 내 양말은 어디에 있을까요? 그것들은 여기 어딘가에 있을 거예요.

9. **help** | 저 좀 도와줄래요? 저 넘어졌어요. 제 다리가 정말 아파요. 전 걸을 수 없어요.

10. **bad** | 좋은 소식과 나쁜 소식이 있어. 어느 것을 원해?

🎈 031~040 words   p.17

✏️ Fill in the Blanks

1. **soon** | 저녁 식사는 곧 준비될 거예요. 먼저 손을 씻으세요. 그러고 나서 테이블에 둘러 앉으세요.

2. **too** | 캐시는 졸려요. 저녁을 다 먹을 수가 없어요. 그녀의 동생도 졸려요. 모두 하품하고 있어요.

3. **bathroom** | 브라이언은 화장실에 가고 싶어 해요. 그는 물을 너무 많이 마셨거든요.

4. **homework** | 벤은 숙제가 너무 많아요. 그는 오늘 TV를 볼 수 없어요.

5. **afternoon** | 지금 점심을 먹자. 우리는 오후에 경기를 시작할 거야. 모두 배고프대.

6. **problem** | 내 자전거에 문제가 있어. 브레이크가 안 돼. 그것은 좋지 않아.

7. **forget** | 미나야, 기억해. 그 영화는 두 시에 시작해. 잊지 마! 우린 너 없이 시작할 거야.

8. **tomorrow** | 마크의 삼촌은 내일 방문하러 오신대요. 그래서 오늘 그의 가족들은 집을 청소해요.

9. **only** | 그 바구니 안에는 달걀이 3개 있어요. 톰은 오직 한 개만 가져갈 수 있어요. 그 다른 두 개는 그의 친구들을 위한 거예요.

10. **good** | 엄마, 저 좋은 소식이 있어요. 저 학교에서 좋은 성적을 받았어요.

🎈 041~050 words   p.19

✏️ Fill in the Blanks

1. **match** | 오늘 축구 경기가 있어요. 우리 가족은 함께 그 경기를 볼 거예요. 그건 재미있을 거예요.

2. **got** | 전 작년에 크리스마스 선물로 새 컴퓨터를 받았어요. 전 너무 행복했어요.

3. **plan** | 나는 도서관에 갈 거야. 그 후에는 난 할아버지를 뵈러 갈 거야. 그게 오늘 내 계획이야.

4. **best** | 이건 최고의 영화예요! 전 내용과 배우들이 정말 좋았어요!

5. **School** | 학교는 중요한 곳이에요. 학생들은 많은 것들을 배워요. 그들은 그곳에서 친

구들도 사귀어요.

6. **saw** | 미나는 반 친구들과 함께 동물원에 갔어요. 그녀는 그곳에서 많은 동물을 보았어요.

7. **Today** | 오늘은 마크의 생일이에요. 그는 오늘 밤에 가족과 함께 맛있는 저녁 식사를 할 거예요. 그는 선물도 받을 거예요.

8. **well** | 펭귄들은 대부분의 다른 새들처럼 날 수 없어요. 하지만 그들은 수영을 매우 잘할 수 있어요.

9. **much** | 시간이 별로 없어. 서둘러! 버스가 너 없이 출발할 거야.

10. **stopped** | 비는 방금 그쳤어요. 이제, 아이들은 나가서 놀 수 있어요. 그들은 매우 행복해요.

🎈 051~060 words   p.23

✏️ Fill in the Blanks

1. **All** | 나의 친구들 모두 우리 집에 올 거예요. 우린 함께 피자를 먹을 거예요.

2. **little** | 그 강아지들은 아직 작아요. 하지만 지금은 눈을 뜨기 시작했어요! 그건 정말 귀여워요!

3. **great** | 마크는 훌륭한 학생이에요. 그는 선생님의 말씀을 들어요. 공부도 정말 열심히 해요.

4. **room** | 책상과 침대가 내 방 안에 있어요. 저는 그곳에서 숙제할 수 있고 잘 수 있어요.

5. **fan** | 벤의 방은 너무 더워요. 그는 잠들 수 없어요. 그는 선풍기가 필요해요.

6. **seat** | 내 친구가 여기에 앉아 있어요. 저쪽에 자리가 하나 있어요. 그곳에 앉아도 돼요.

7. **break** | 그 접시들을 조심해주세요. 그렇지 않으면 그것들을 깨뜨릴 거예요. 엄마가 정말 화내실 거예요.

8. **likes** | 한스는 피자를 좋아해요. 고기와 치즈가 들어간 피자는 그가 제일 좋아하는 것이에요.

9. **at, at** | 나는 여섯 시에 저녁을 먹어. 밤에 늦게 먹고 싶지 않거든. 그건 건강에 좋지 않아.

10. **Look** | 창밖을 봐! 밖에 눈이 내리고 있어! 난 정말 기뻐.

📍 061~070 words p.25

🖊 Fill in the Blanks

1. **always** | 메리는 애완동물들과 함께 일해요. 그녀는 항상 아픈 동물들을 도와줘요. 그녀의 직업이 무엇일까요? 당신은 알아맞힐 수 있나요?

2. **answer** | 이 문제는 너무 어려워요. 팀은 정답을 찾을 수가 없어요.

3. **visit** | 잭은 할아버지, 할머니를 그리워해요. 그는 이번 주말에 찾아뵐 거예요.

4. **dog** | 우리 집 개가 짖고 있어. 누군가가 문에 있나 봐. 누구지?

5. **present** | 제인은 그녀의 오빠가 준 생일 선물을 열었어요. 그녀는 그것이 정말 좋았어요.

6. **breakfast** | 루시는 오늘 아침에 아침을 못 먹었어요. 그녀는 매우 배고팠어요. 그녀는 지치기도 했어요.

7. **sport** | 짐이 가장 좋아하는 운동은 축구예요. 그는 매일 친구들과 축구를 해요.

8. **never** | 오, 이런! 소년은 깊은 우물 속으로 공을 빠뜨렸어요. 그는 그것을 절대 찾지 못할 거예요! 그는 무엇을 할 수 있을까요?

9. **person** | 해리는 조용한 사람이에요. 그는 학교에서 말을 많이 하지 않아요.

10. **some** | 벤은 지금 배고프지 않아요. 그는 친구들과 쿠키를 좀 먹었어요. 그것들은 맛있었어요.

📍 071~080 words p.27

🖊 Fill in the Blanks

1. **any** | 팀은 자신의 가방 안에서 어떤 연필도 찾을 수 없어요. 그는 하나 빌려야 해요.

2. **bought** | 벤은 어머니를 위해 장미를 조금 샀어요. 어머니가 꽃을 좋아하거든요. 어머니는 매우 행복해할 거예요.

3. **party** | 너 내 생일파티에 와줄래? 그건 내일 4시에 시작해.

4. **But** | 우리 형은 주말에는 TV를 봐요. 하지만 저는 친구들이랑 밖에서 운동해요.

5. **bug** | 무서워하지 마. 이건 그냥 작은 벌레

야. 그건 널 물지 않을 거야.

6. **happy** | 캐시는 내일 놀이공원에 갈 거예요. 그녀는 매우 행복해요. 그녀는 놀이 기구들을 정말 좋아하거든요.

7. **open** | 창문 좀 열어주실래요? 여기 안은 너무 더워요.

8. **of** | 저 무지개의 색깔들을 봐! 정말 예쁘다! 난 그것을 좀 더 자주 보고 싶어.

9. **very** | 여름은 너무 더워요. 더운 날에는, 많은 사람들이 바다로 가요. 그들은 재미로 물속에서 놀아요.

10. **Try** | 부디 포기하지 마세요. 더 열심히 해보세요. 연습은 완벽을 만들어요!

📍 081~090 words p.29

🖊 Fill in the Blanks

1. **calm** | 날씨는 화창하고 맑아요. 바다도 고요하고요. 정말 아름다운 하루예요. 우리 밖에서 놀아요!

2. **do** | 제니는 오늘 밤에 TV를 볼 수 없어요. 그녀는 숙제하지 않았어요.

3. **said** | "나는 채소를 그다지 좋아하지 않아." 그 소년은 말했어요. "난 초콜릿을 원해!"

4. **difficult** | 지금은 수학 수업 시간이에요. 팀은 즐겁지가 않아요. 수학은 그에겐 매우 어려워요.

5. **curious** | 제니퍼는 동물에 대해 궁금해해요. 그녀는 동물에 대해 알고 싶어 해요.

6. **dinner** | 매일 일이 끝난 후, 우리 아빠는 우리 가족을 위해 저녁을 요리해요. 아빠는 훌륭한 요리사예요.

7. **still** | 너는 아직 왜 여기에 있어? 너의 친구들은 밖에서 너를 기다리고 있어. 서둘러!

8. **test** | 그 시험은 곧 시작할 거야. 걱정하지 마. 문제가 오직 다섯 개뿐이야. 너는 잘할 거야.

9. **cake** | 내 여동생 생일이에요. 우리 엄마와 나는 그녀를 위해 초콜릿 케이크를 만들 거예요.

10. **practiced** | 사라는 오늘 노래 대회가 있어요. 그녀는 어제 매우 열심히 그녀의 노래를 연습했어요.

091~100 words

p.31

Fill in the Blanks

1. **true** | 돌고래는 물고기가 아니래. 그게 사실 이야? 근데 그것들은 물속에서 살잖아! 그건 왜 그런 거야? 난 아직도 이해하지 못했어.

2. **lunch** | 벌써 정오네. 나는 매우 배고파. 오늘의 점심 메뉴는 무엇일까?

3. **luck** | 행운을 빌어, 메리야. 넌 이 대회에서 우승할 거야. 걱정하지 마. 너는 열심히 연습했잖아.

4. **future** | 제이크는 책을 읽는 것을 정말 좋아해요. 그는 미래에 작가가 되고 싶어 해요. 그는 무엇에 대해 쓸까요?

5. **went** | 우리 가족은 지난여름에 바다에 갔어요. 그곳에서 우리는 즐겁게 놀았어요.

6. **hard** | 이 책은 어려워. 나는 이해할 수가 없어. 난 쉬운 책을 원해. 너 또 다른 책 있어?

7. **give** | 린다는 집에서 초콜릿을 좀 만들었어요. 그녀는 내일 친구들에게 그걸 줄 거예요.

8. **just** | 크리스는 벤에게 화가 났어요. 그렇지만 벤은 단지 그를 도와주고 싶었을 뿐이에요.

9. **funny** | 우리 오빠는 아주 재미있어요. 오빠 친구들은 오빠 농담에 웃어요.

10. **bus** | 곧 버스가 올 거예요. 톰은 준비되었을까요? 그는 서둘러야 해요!

101~110 words

p.35

Fill in the Blanks

1. **angry** | 제이크는 나한테 화난 거야? 그는 나에게 전혀 말을 걸지 않아! 내가 무엇을 잘못했지?

2. **wrong** | 너의 답은 틀렸어. 그건 25이야. 너는 여기에 21이라고 적었어.

3. **long** | 기린은 싸울 때 긴 목을 이용해요. 기린의 목은 정말 튼튼해요.

4. **hungry** | 늑대는 매우 배가 고파요. 그것은 양 한 마리를 발견해요. 그리고 사냥할 준비가 됐어요!

5. **and** | 톰은 초콜릿을 정말 좋아해. 그래서 그는 초콜릿 케이크, 초콜릿 아이스크림, 그리고 초콜릿 칩 쿠키를 좋아해.

6. **front** | 앞쪽에 자리가 없어요. 우리는 뒤에서 쇼가 안 보여요. 우린 어떻게 해야 할까요?

7. **morning** | 티나는 아침에 일곱 시에 일어나요. 그러고 나서 그녀는 학교 갈 준비를 해요.

8. **in** | 내가 그 교과서를 어디에 두었지? 그건 내 가방 안에 없어. 기억이 나질 않아!

9. **fine** | 주디는 어제 너무 아팠어요. 학교도 일찍 조퇴해서 병원에 갔어요. 그녀는 이제 괜찮아요.

10. **ate** | 저는 빵을 달걀 프라이랑 같이 좀 먹었어요. 저는 정말 배가 불렀어요.

111~120 words

p.37

Fill in the Blanks

1. **lazy** | 개미는 겨울을 위해 아주 열심히 일하고 있어요. 베짱이는 너무 게을러요. 그는 온종일 노래를 부르고 있어요.

2. **something** | 벤은 방금 무슨 소리를 들었어요. 밖에 무엇이 있을까요? 지금 그는 겁을 먹었어요.

3. **mad** | 제나는 엄마에게 거짓말했어요. 제나의 엄마는 지금 매우 화가 나셨어요.

4. **think** | 제인은 그 질문에 답할 수 없어요. 그녀는 그것에 대해 생각해봐야 해요. 그녀는 시간이 좀 필요해요.

5. **class** | 오늘 우리 반에 새로운 전학생이 왔어요. 이제 우리 반에는 학생이 20명 있어요.

6. **math** | 제인이 가장 좋아하는 과목은 수학이에요. 그녀는 숫자에 밝아요.

7. **thirsty** | 나 지금 너무 목이 말라. 너 물 좀 있어?

8. **late** | 메리는 학교로 달려가고 있어요. 그녀는 지금 지각했어요. 교문이 아직 열려있을까요?

9. **many** | 톰은 친구가 많아요. 그는 친절하고 재미있어요. 모두가 그를 좋아하지요. 그는 매우 인기가 많아요.

10. **with** | 주디는 항상 리사와 함께 점심을 먹어요. 그들은 서로 옆에 앉아요.

🎈 121~130 words
p.39

✏️ Fill in the Blanks

1. **one** | 맷은 초콜릿 아이스크림콘을 살 거예요. 앤디는 바닐라 맛으로 살 거예요. 메리는 무슨 맛으로 살까요?

2. **sure** | 이건 네 연필이니? 아니면 이게 내 것인가? 나는 확실하지 않아.

3. **dropped** | 에이미는 물속에 자신의 전화기를 떨어뜨렸어요. 지금 그 전화기는 작동하지 않아요.

4. **favorite** | 파란색은 라이언이 가장 좋아하는 색깔이 아니에요. 그는 대신에 초록색을 좋아해요. 그의 물건 대부분은 초록색이에요.

5. **computer** | 그 도서관은 컴퓨터가 많이 있어요. 사람들은 그것들을 사용해서 책을 찾고 공부해요.

6. **box** | 그 상자 안에 무엇이 있는 거야? 그건 너무 무겁잖아! 함께 그걸 들자.

7. **kind** | 웬디는 친절한 아이예요. 그녀는 항상 친구들을 도와줘요. 모든 사람은 그녀를 좋아해요.

8. **score** | 우리 오빠 축구팀이 경기에서 이겼어요. 점수는 4대 0이었어요.

9. **not** | 맥스는 12살이 아니에요. 그는 11살이에요.

10. **miss** | 제나의 삼촌은 다른 나라로 이사했어요. 그녀는 그를 매우 그리워할 거예요.

🎈 131~140 words
p.41

✏️ Fill in the Blanks

1. **now** | 오늘 아침은 화창했어요. 그러나 지금은 비가 오고 있어요. 괜찮아요. 제 가방 안에 우산이 있거든요.

2. **classroom** | 제니는 다시 교실로 돌아가고 있어요. 그녀는 가방을 깜빡했거든요. 그녀는 그것이 필요해요.

3. **bowl** | 존은 항상 밥을 두 그릇씩 먹어요. 그는 많이 먹어요! 그는 힘이 세질 거예요.

4. **window** | 창문이 열려있어요. 그것 좀 닫아주실래요? 여기 너무 추워요. 고마워요.

5. **living room** | 마이크의 가족은 거실에서 시간을 보내요. 그들은 학교에 대해 얘기를 하고 TV를 함께 봐요.

6. **Before** | "너 잠자기 전에, 양치해." 어머니가 말했어요. "잊지 마!"

7. **crown** | 여왕은 아름다운 왕관이 있어요. 그건 많은 다이아몬드를 가지고 있어요.

8. **flower** | 빨간 장미는 내가 가장 좋아하는 꽃이야. 그건 정말 아름다워! 너는 어때?

9. **blow** | 생일 축하해, 제니야! 이제 소원을 빌고 촛불을 불어서 끄렴.

10. **Everyone** | 방 안에 있는 모든 사람이 제니에게 생일 축하 노래를 부르고 있어요. 그녀는 정말 행복해요.

🎈 141~150 words
p.43

✏️ Fill in the Blanks

1. **ready** | 저녁 식사가 준비됐어요. 제니의 엄마가 제니를 부르네요. "제니야, 저녁 먹을 시간이야! 지금 식탁으로 오렴."

2. **Maybe** | 잭은 어디에 있어요? 아마 그는 화장실에 있나 봐요. 우리 잠깐 기다려요.

3. **needs** | 마이크는 매우 목이 말라요. 그는 약간의 물이 필요해요. 그는 부엌 안으로 들어갈 거예요.

4. **god** | 큐피드는 로마의 사랑의 신이에요. 그는 날개 달린 어린 남자아이처럼 생겼어요.

5. **grows** | 이 식물은 제가 가장 좋아하는 것이에요. 그건 햇볕을 아주 좋아하고 시원한 날씨에 제일 잘 자라요.

6. **okay** | "괜찮아?" 사라가 물었어요. "아니. 나 숙제를 가져오지 않았어. 선생님이 화가 나실 거야." 벤이 말했어요.

7. **fever** | 톰은 심한 감기에 걸렸어요. 그는 열이 나요. 오늘 아침에 학교에 안 갔어요.

8. **angel** | 케이트는 친구들에게 정말 친절해요. 그녀는 다른 사람들도 도와줘요. 그녀는 천사예요.

9. **age** | 제인은 11살이에요. 팀도 11살이에요. 그들은 동갑이랍니다. 그들은 같은 반이기도 해요.

10. **giant** | 맷의 선생님은 매우 키가 크고 힘이 세요. 그는 마치 거인 같아요!

🎈 151~160 words p.47

p.47

Fill in the Blanks

1. **background** | 그 미술가는 배경에 산을 그렸어요. 그 그림은 지금 매우 아름다워요.

2. **really** | 제인과 그녀의 어머니는 초콜릿 케이크를 만들었어요. 그것은 정말 커요!

3. **double, double** | 8은 숫자 4의 두 배예요. 5의 두 배는 얼마일까요? 10이지요!

4. **about** | 닉은 과학에 대한 책을 읽고 있어요. 그는 과학자가 되고 싶어요.

5. **aloud** | 너의 이야기가 매우 재미있구나. 반 친구들에게 그걸 소리 내어 읽어줘.

6. **Count, Count** | 숫자 10까지 세어봐. 그러고 나서 넌 우리를 찾기 시작하면 돼. 천천히 세어야 해. 보면 안 돼!

7. **studying** | 제인은 다음 주에 시험이 있어요. 그래서 그녀는 지금 그녀의 방에서 매우 열심히 공부하고 있어요.

8. **bean** | 톰은 밥에 있는 콩을 정말 좋아해요. 그건 맛이 있어요. 건강한 음식이기도 하고요!

9. **yet** | 저녁 식사는 아직 준비가 안 됐어요. 10분만 더 기다려주세요.

10. **worry** | 지금은 다섯 시예요. 팀은 집에 오지 않았어요. 팀의 어머니는 걱정하기 시작해요.

🎈 161~170 words p.49

p.49

Fill in the Blanks

1. **nice** | 너 그 코트가 정말 잘 어울려. 그건 새것이야? 나는 그런 것 하나 갖고 싶어.

2. **tall** | 팀은 키가 매우 커요. 매일 그는 우유를 마시고 농구를 해요.

3. **dish** | 그 접시 조심해줘. 그건 매우 뜨거워. 장갑을 사용해.

4. **should** | 마이크는 몸이 좋지 않아요. 그는 병원에 가야 해요. 그는 휴식도 필요해요. 곧 괜찮아질 거예요.

5. **wash** | 벤의 손은 매우 더러워요. 그는 그것을 씻어야 해요.

6. **finished** | 샘은 그의 숙제를 방금 끝냈어요. 그는 이제 TV를 봐도 돼요. 이건 하루 중 가장 좋아하는 것이에요.

7. **ship** | 우리 할머니는 배를 타고 일본으로 여행가셨어요. 할머니는 비행기를 무서워하세요.

8. **short** | 토끼는 짧은 꼬리를 가지고 있어요. 원숭이들은 어떨까요? 원숭이는 긴 꼬리를 가지고 있지요.

9. **teacher** | 켄은 좋은 선생님이에요. 그는 항상 그의 학생들을 도와줘요. 그들은 모두 그를 좋아해요.

10. **trouble** | 톰은 곤경에 처했어요. 그는 어머니가 가장 좋아하는 컵을 떨어뜨렸거든요.

🎈 171~180 words p.51

p.51

Fill in the Blanks

1. **dirty** | 톰의 신발은 매우 더러워요. 그는 온종일 흙에서 놀았어요.

2. **kitchen** | 제니의 어머니는 부엌에 있어요. 가족을 위해 요리하고 있어요. 요리를 정말 잘 하세요.

3. **bird** | 대부분 새들은 날 수 있어요. 새들은 날개가 있고 알을 낳아요.

4. **chair** | 제이크는 오랜 시간 동안 서 있어요. 그는 앉고 싶어 해요. 여기에 의자가 있을까요?

5. **fair** | 언니의 케이크가 내 것보다 더 커요. 이건 불공평해요! 내게도 좀 더 주세요!

6. **book** | 이 도서관은 아주 커요! 그곳은 많은 책들과 컴퓨터들이 있어요.

7. **bed** | 마이크는 어젯밤에 일찍 잠들었어요. 그는 매우 졸렸어요. 그는 오늘도 아직 피곤해요.

8. **smart** | 존은 매우 똑똑해요. 그는 수학에 대해 모든 것을 알고 있어요. 그는 영어도 잘 해요.

9. **talking** | 케이트는 수업시간에 제인에게 말을 걸고 있어요. 저런! 선생님이 화나신 것 같아요. 제인은 멈춰야 해요.

10. **air** | "나는 집에 다시 돌아갈래." 시골 쥐가 말했어요. "그곳은 조용해. 공기도 깨끗하거든."

🎈 **181~190** words　　　p.53

Fill in the Blanks

1. **name** | 그녀의 이름은 루시예요. 그녀는 3반에 새로운 학생이에요. 그녀에게 인사해 줘요.

2. **fail** | 많은 과학자는 실패해요. 그러나 그들은 그 후에 더 좋은 무언가를 생각해내요.

3. **mail** | 우리 아빠는 많은 우편물을 받으세요. 우리 집 우편함은 언제나 가득 차 있어요.

4. **desk** | 톰은 화가 났어요. 그의 동생이 책상 위에 물을 쏟았거든요. 그의 책들이 다 젖었네요.

5. **wall** | 저 벽에 걸린 사진이 너의 가족사진이야? 이 여자애는 누구야? 너의 여동생이야?

6. **train** | 지금은 1시 50분이에요. 벤은 역으로 달려가고 있어요. 그 기차는 두 시에 출발해요!

7. **brain** | 많이 웃어요! 두뇌 활동이 더 좋아진대요. 기분도 더 좋아질 거예요.

8. **afraid** | 제인은 귀신에 대한 영화를 보고 있어요. 그녀는 매우 무서워해요. 손으로 눈을 가리고 있어요.

9. **cute** | 어, 저 강아지 좀 봐! 그 강아지는 정말 귀여워. 나는 강아지를 키우고 싶어. 하지만 난 그럴 수 없어.

10. **waited** | 그 영화 줄은 너무 길었어요. 마이크는 오랜 시간을 기다렸어요.

🎈 **191~200** words　　　p.55

Fill in the Blanks

1. **drinks** | 우리 아버지는 커피를 좋아하세요. 아버지는 매일 드세요. 하지만 전 그 맛을 싫어해요.

2. **mistake** | 제가 다른 사람에게 책을 잘못 줬어요. 그건 제 실수였어요. 미안해요.

3. **there** | 팀은 서점에 갔어요. 그는 그곳에서 책 두 권을 샀어요. 그는 읽는 걸 정말 좋아하거든요.

4. **tired** | 제니는 매우 피곤해요. 그녀는 온종일 축구를 했거든요. 그녀는 휴식이 필요해요.

5. **so** | 오늘 밖은 너무 더워. 난 나가고 싶지 않아. 우리 안에서 머무르자.

6. **bank** | 벤은 새 컴퓨터를 갖고 싶어 해요. 그는 은행에 그의 돈을 저축해요.

7. **early** | 제인은 아침에 일찍 일어나요. 그녀는 6시에 일어나요.

8. **hurt** | 마이크는 발을 다쳤어요. 그는 도움이 필요해요. 그의 친구들은 어디에 있을까요?

9. **Thank** | 너는 교실에서 나를 많이 도와줬어. 고마워. 네가 최고야.

10. **busy** | 톰은 매우 바빠요. 그는 지금 당장 전화를 받을 수 없어요.

🎈 **201~210** words　　　p.59

Fill in the Blanks

1. **May, may** | "저 화장실에 가도 되나요?" 그 남자아이는 물었어요. "그래, 가도 돼." 선생님은 말했어요.

2. **play** | 밖에 눈이 오고 있어! 눈 속에서 놀자! 우리는 눈사람을 만들 수 있을 거야.

3. **pen** | 제나는 연필이 필요해요. 하지만 그녀는 필통에 오직 펜만 있어요.

4. **office** | 저의 어머니는 사무실에서 일하세요. 어머니는 컴퓨터와 전화기를 많이 사용하세요.

5. **goal** | 마이크는 경기에서 두 골을 넣었어요. 그의 팀은 이겼어요. 마이크는 매우 자랑스러웠어요.

6. **stay** | 비가 오는 날에는 제인은 집에 머무르는 걸 좋아해요. 그녀는 비에 젖고 싶지 않아요. 당신은 어떤가요?

7. **Nurse** | 간호사들은 병원에서 많은 일을 해요. 그들은 아픈 사람들과 의사들도 도와줘요.

8. **playground** | 톰은 아직 운동장에 있어요. 그는 교실로 돌아와야 해요. 점심시간은 지금 끝났거든요.

9. **holiday** | 휴일에는 학생들은 학교에 가지 않아요. 휴일은 달력에 빨간색으로 표시되어 있어요.

10. **same** | 메리는 제나와 같은 반이 아니에요. 하지만 그들은 방과 후에 아직도 함께 집에 가요.

211~220 words   p.61

Fill in the Blanks

1. **enough** | 우리 시간이 충분해. 우린 늦지 않을 거야. 여기서 잠깐 쉬자. 난 정말 지쳤어.

2. **dark** | 밖은 너무 어두워. 너는 나갈 수 없어. 그건 위험해.

3. **art** | 메리가 가장 좋아하는 수업은 미술 시간이에요. 그녀는 그림을 그리고 색칠하는 걸 매우 좋아해요.

4. **bottle** | 오늘은 매우 더워요. 남자는 너무 목말라요. 하지만 그의 물병은 비어 있어요.

5. **ball** | 벤은 공을 찼어요. 그 골키퍼는 그것을 잡으려고 했어요. 하지만 그는 잡을 수 없었어요.

6. **carrot** | 많은 아이들은 당근을 좋아하지 않아요. 하지만 이 건강한 주황색 채소로 달고 맛있는 주스를 만들 수 있어요.

7. **high** | 저 산은 우리에게 너무 높아. 우리는 오늘 정상까지 갈 수 없어.

8. **laughing** | 아이들은 재미있는 TV쇼를 보고 있어요. 그들은 큰 소리로 웃고 있어요.

9. **fighting** | 이런, 안돼! 남자아이들이 싸우고 있어. 우리는 그 애들을 멈춰야 해.

10. **right** | 악수를 할 때는 항상 오른손을 사용해요.

221~230 words   p.63

Fill in the Blanks

1. **easy** | 그 수학 퀴즈는 쉬웠어요. 그건 어려운 문제들이 없었어요. 전 만점을 받았어요.

2. **fast** | 짐은 달리기가 빠른 선수예요. 아무도 그를 잡을 수가 없어요.

3. **coin** | 제 돼지 저금통에 많은 동전이 있어요. 저는 그걸 다 저축했어요. 새 자전거가 갖고 싶거든요.

4. **noise** | 부릉, 부릉! 빵! 빵! 삐뽀-삐뽀! 도로에서 다양한 큰 소음이 나요.

5. **fill** | 물통은 비어 있어요. 존은 그걸 어디서 채울 수 있을까요? 그는 너무 목이 말라요.

6. **dentist** | 제이크는 이가 아파요. 아마도 그는 너무 많은 사탕을 먹었나 봐요. 그는 얼른 치과에 가야 해요.

7. **added** | 톰은 수프에 소금을 너무 많이 추가했어요. 그건 이제 너무 짜요. 그는 그걸 먹을 수가 없어요.

8. **voice** | 벤은 정말 좋은 목소리를 가지고 있어요. 그의 친구들은 그의 노래를 듣는 걸 좋아해요.

9. **point, point** | 홍팀은 45점이에요. 청팀은 40점이고요. 홍팀이 이기고 있네요.

10. **oil** | 제인의 어머니는 항상 올리브 오일로 요리를 해요. "그건 너의 몸에 좋은 거야." 어머니는 말했어요.

231~240 words   p.65

Fill in the Blanks

1. **believe** | 너는 이 얘기를 믿을 수 있어? 아마도 넌 믿을 수 없겠지만 그건 실제 이야기야.

2. **died** | 제인의 식물은 죽었어요. 그녀는 물을 충분히 주지 않았어요. 그건 메말랐고 갈색이에요.

3. **movie** | 케빈은 학교에서 영화를 볼 거예요. 오늘 수업도 없어요. 학교 마지막 날이거든요.

4. **field** | 농부들은 지금 들판에서 일하고 있어요. 그들은 벼를 심는 중이에요.

5. **cookie** | 엄마는 파티를 위해 초콜릿 쿠키를 만들었어요. 그것들은 너무나 맛있어요.

6. **piece** | 여기에 우리는 여덟 명이 있어. 내가 이 케이크를 여덟 조각으로 자를게. 모두가 조금씩 먹을 수 있어.

7. **egg** | 짐은 늘 아침으로 달걀 프라이를 먹어요. 그는 빵이랑 먹는 걸 좋아해요.

8. **door** | 아이가 지금 자고 있어요. 천천히 문을 열어주세요.

9. **Actually** | "사실은, 저 배가 안 고파요." 존은 말했어요. "저 방금 간식을 좀 먹었거든요."

10. **came** | 톰의 이모는 저녁 식사를 하기 위해 이곳에 왔어요. 이모는 톰의 가족과 좋은 시간을 보냈어요.

🎈 241~250 words   p.67

✏️ Fill in the Blanks

1. **during** | "쉿. 제나야, 조용히 해. 너는 영화 보는 동안 얘기하면 안 돼." 메리는 말했어요.

2. **after** | "제이크, 방과 후에 너 뭐 해? 우리 3반이랑 같이 축구를 하자." 톰은 말했어요.

3. **knife** | 그 칼 조심히 다뤄! 그건 매우 날카로워. 넌 다칠 수도 있어.

4. **key** | 짐은 지금 집에 들어갈 수 없어요. 그는 열쇠를 잃어버렸거든요! 이제 그냥 기다릴 수밖에 없어요.

5. **Every** | 이 빌딩에 불이 났어요! 모든 사람은 지금 그 빌딩에서 나가야 해요!

6. **all right 또는 alright** | 너 오늘 몸이 안 좋아 보여. 괜찮니?

7. **kicked** | 벤은 공을 매우 세게 찼어요. 그는 창문을 깨뜨리고 말았어요. 이제 벤은 큰일 났어요!

8. **knock** | 기다려! 아직 문을 열지 마. 넌 먼저 노크해야 해.

9. **knows** | 우리 아빠는 모든 것을 알아요. 전 아빠에게 무엇이든 물어볼 수 있거든요. 아빠는 항상 정답만 알려주세요.

10. **Kid** | 아이들은 어린이날을 정말 좋아해요. 학교에 안 가도 되거든요. 부모님에게 선물까지 받아요!

🎈 251~260 words   p.71

✏️ Fill in the Blanks

1. **held** | 톰은 손에 책을 들고 있었어요. "그 책은 무슨 책이야? 그 책 정말 재미있어 보이는걸." 제이슨이 물었어요.

2. **acted** | 제인은 학교 연극에서 연기했어요. 그녀는 공주님이었어요. 매우 연기를 잘했어요.

3. **candy** | 케빈은 충치가 있어요. 그는 사탕을 너무 많이 먹어요. 치과에 가봐야 해요.

4. **adult** | 저의 부모님은 어른이시고 저는 아이예요. 때때로 저는 빨리 자라고 싶어요.

5. **hat, hat** | 바람이 많이 부는 날이에요. 바람이 그의 모자를 날려버렸어요. "오, 이런!" 그는 모자를 찾기 위해 달려가고 있어요.

6. **heavy** | 아이들은 그 상자를 들어 올리려고 해요. "하나, 둘, 셋!" 그 상자는 너무 무거워요. 그들은 그걸 전혀 옮길 수가 없어요.

7. **basket** | 그 여자는 과일로 자신의 바구니를 채웠어요. 그녀는 시장에서 그걸 팔 거예요.

8. **ghost** | 우리 언니는 귀신 이야기를 많이 알고 있어요. 그것을 듣는 것은 조금 무섭지만 저는 정말 즐거워요!

9. **hour** | 저는 제 숙제를 다섯 시에 시작했고 지금은 여섯 시에요. 저는 한 시간 동안 숙제를 했어요.

10. **honest** | 제니는 정직한 사람이에요. 그녀는 절대 거짓말하지 않아요.

🎈 261~270 words   p.73

✏️ Fill in the Blanks

1. **explain** | "자리에 앉으세요." 선생님은 말했어요. "이제, 게임 규칙을 설명해줄 거예요. 잘 들으세요."

2. **exciting** | 놀이공원은 신나는 장소에요. 아이들은 그곳에 가는 걸 정말 좋아하고 재미있게 놀아요.

3. **exam** | 메리는 다음 주에 시험이 두 개 있어요. 하나는 수학이고 다른 하나는 과학시험이에요.

4. **across** | 그 버스 정류장은 도서관 맞은편에 있어요. 길을 건너야 해요.

5. **exercises** | 제인의 아빠는 매일 아침 운동해요. 그는 강을 따라 달려요. 그는 정말 건강해요.

6. **alone** | 마이크의 친구들은 밖에서 축구를 하고 있어요. 그러나 마이크는 혼자서 교실에 있어요. 그는 다리를 다쳤거든요.

7. **Baby, baby** | 아기 동물들은 각각 이름이 있어요. 아기 개는 강아지예요.

8. **exit** | 건물에 불이 났을 때, 왼쪽 출구를 이용해주세요. 엘리베이터를 이용하지 마세요.

9. **fact** | 어떤 뱀들은 정말 위험해요. 그것은 잘 알려진 사실이지요.

10. **famous** | 그는 정말 유명한 제빵사(빵을 만드는 사람)예요. 그의 쿠키는 정말 맛있어요. 동네의 모든 사람들은 그의 빵집을 알아요.

🎈 271~280 words p.75

✏ Fill in the Blanks

1. **understand** | 제니는 그 문제를 이해할 수 없어요. 그녀는 선생님에게 물어보고 싶어 해요.
2. **better** | "기다려! 장화가 비 오는 날에는 더 나을 거야." 엄마는 말했어요. "운동화 신지 마. 그건 비에 젖을 거야."
3. **slept** | 잭은 오늘 아침 기분이 좋아요. 그는 어젯밤에 잠을 잘 잤거든요.
4. **battle** | 그 군대는 전쟁에서 승리했어요. 그들은 이제 집에 가서 가족들을 만날 수 있어요.
5. **letter** | 메리의 이모는 다른 나라에서 살아요. 그래서 메리는 매달 그녀에게 편지를 써요.
6. **battery** | 내 장난감 자동차는 작동하지 않아. 아마도 그건 새 건전지가 필요한가 봐.
7. **cotton** | 이 셔츠는 매우 부드러워. 그건 면으로 만들어졌어.
8. **sea** | "어떤 동물이 바다에서 가장 힘이 셀까요?" 선생님은 물었어요. 사라는 말했어요. "고래요!" 그러나 마이크가 말했어요. "아니에요. 그건 상어예요!"
9. **around** | 집 주변에 나무들이 많이 있어요. 그것들은 정말 키가 커요.
10. **matter** | 제이슨에게 무슨 일이 있어? 그 애는 슬퍼 보여. 아마 내가 그 애와 얘기해 봐야겠어.

🎈 281~290 words p.77

✏ Fill in the Blanks

1. **different** | 벤과 제이크는 같은 신발을 가지고 있어요. 그러나 그것들은 색깔이 달라요. 벤의 신발은 검은색이고 제이크의 신

발은 회색이에요.
2. **lesson** | "미안, 나 학교 끝나고 피아노 레슨이 있어." 제나는 말했어요. "아마도 다음에."
3. **delicious** | 그 애플파이는 정말 맛있어요. 저 한 조각 더 먹어도 돼요?
4. **telephone** | "전화가 울리고 있어." 엄마는 말했어요. "메리, 전화 좀 받아줄래? 엄마는 지금 바빠."
5. **floor, floor** | 루시는 바닥에 거울을 떨어뜨렸어요. 그건 이제 깨졌어요. 그녀는 그 바닥을 치워야 해요.
6. **dolphin** | 내가 가장 좋아하는 동물은 돌고래예요. 하지만 바다에 돌고래가 많이 남아 있지 않아요.
7. **house** | 마이크의 가족은 지난주에 새집으로 이사 갔어요. 이제 마이크는 자기만의 방이 있어요.
8. **Elephant** | 코끼리는 긴 코를 가지고 있어요. 그들은 마시고 먹기 위해 코를 사용해요.
9. **hate** | 저는 비 오는 날을 싫어해요. 비가 올 때 밖에서 놀 수 없거든요.
10. **arrive** | 제인의 아버지는 출장에서 집으로 오고 있어요. 곧 집에 도착할 거예요.

🎈 291~300 words p.79

✏ Fill in the Blanks

1. **loud** | "쉿. 넌 도서관에 있잖아." 케이트는 말했어요. "여기서 크게 말하면 안 돼."
2. **advised** | 의사는 팀에게 조언했어요. "휴식을 취하세요. 따뜻한 물도 많이 마셔야 합니다. 좀 더 나아질 거예요."
3. **meat** | 우리 엄마는 세상에서 최고의 수프를 만드세요. 채소와 닭고기나 소고기 같은 고기를 넣으세요.
4. **lot** | 제인은 많은 친구들이 있어요. 모든 사람은 그녀와 친구가 되고 싶어 해요. 그녀는 인기가 많아요.
5. **map** | "우리 어디에 있는 거야?" 톰은 물었어요. "저쪽에 지도가 있어. 우리 한번 보자." 존은 말했어요.
6. **restroom** | 여기 화장실은 어디에 있어요? 저 손을 씻어야 해요. 제 손이 더러워요.

7. **bell** | 초인종이 울렸어요. "피자 왔다!" 제이크는 문을 열었어요. 하지만 제이크의 형이었네요.

8. **market** | 에이미의 부모님은 주말마다 시장에 가요. 그들은 그곳에서 신선한 과일과 채소를 사요.

9. **poem** | 폴은 수업 시간에 자신의 시를 크게 읽었어요. 모든 사람은 그걸 아주 좋아했어요. "잘했어, 폴." 선생님은 말했어요.

10. **remembers** | 마이크는 기억력이 좋아요. 그는 사람들의 이름을 아주 잘 기억해요.

📍 301~310 words   p.83

🖊 Fill in the Blanks

1. **safe** | 빨간 불에 길을 건너지 마세요. 그건 안전하지 않아요.

2. **meet** | "에이미, 우리 다섯 시에 만나자. 알았지?" 마이크는 말했어요. "알겠어. 그때 보자." 에이미는 말했어요.

3. **between** | 수잔은 벤 뒤에 서 있어요. 벤은 앤디 뒤에 서 있고요. 벤은 수잔과 앤디 사이에 있어요.

4. **beef, Beef** | "치킨 아니면 소고기 먹을까?" 톰의 엄마가 물었어요. "소고기요. 그건 제가 가장 좋아하는 것이에요."

5. **date** | "오늘 며칠이야?" 케이트는 대답했어요. "오늘은 6월 10일이야. 내일은 짐의 생일이야."

6. **food** | 사라는 어머니와 함께 시장에 있어요. 사람들은 그곳에서 음식, 신발, 그리고 옷을 팔아요.

7. **eraser** | "나 정답을 잘못된 곳에 적었어. 너 지우개 있어?" 팀은 물었어요. "여기에 있어." 메리가 말했어요.

8. **deep** | 물은 그다지 깊지 않아요. 동물들은 강을 가로질러 걸어갈 수 있어요. 하지만 조심해요. 악어들이 물속에 있어요!

9. **war** | 우리 할아버지는 전쟁에서 다리를 다치셨어요. 지금은 잘 걸을 수 없으세요. 할아버지는 지팡이를 사용하세요.

10. **felt** | 벤은 점심 이후로 매우 졸리고 피곤했어요. 그는 정말로 낮잠을 자고 싶었어요.

📍 311~320 words   p.85

🖊 Fill in the Blanks

1. **begin** | "모두 수업에 출석했나요?" 선생님은 물었어요. "자, 이제 우리 오늘 수업을 시작합시다."

2. **accent** | 'forget' 단어 안에 강세는 어디에 있을까요? – 그건 두 번째 음절에 있어요, for-GET.

3. **vegetable** | 우리 어머니는 매일 과일과 채소로 주스를 만드세요. 그건 정말 맛있어요.

4. **soccer, soccer** | 크리스는 골대 안으로 공을 찼어요. 팀은 일 점을 얻었어요. 그들은 이 축구 경기에서 이겼네요. 크리스는 축구 선수가 되고 싶어요.

5. **young** | 잭의 새로운 선생님은 매우 젊어 보이셔. 그분은 몇 살이야?

6. **ugly** | "너는 못생겼어!" 오리 새끼들이 말했어요. 하지만 나중에 그 아기 새는 아름다운 백조가 돼요.

7. **wish, wish** | "이제," 램프의 요정 지니가 말해요. "소원이 하나 더 있어, 벤." "나의 마지막 소원은 우리 가족의 행복이야!" 벤은 말해요.

8. **accident** | 우리 삼촌은 차 사고로 다치셨어요. 지금 병원에 계세요. 오늘 저는 찾아뵈러 갈 거예요.

9. **without** | 나 없이 가. 난 집에 있어야 해. 아직 내 숙제를 끝내지 않았거든.

10. **word, word** | 제니는 내일 영어 단어 시험이 있어요. 그녀는 30개 단어를 공부해야 해요.

📍 321~330 words   p.87

🖊 Fill in the Blanks

1. **nation** | "멕시코는 북아메리카에 있는 나라야." 선생님은 말했어요. "이건 내일 시험에 나올 거야. 이걸 기억해."

2. **dream** | 어젯밤에 크리스는 좋은 꿈을 꾸었어요. 그는 날고 있었거든요. 그는 깨어나고 싶지 않았어요.

3. **top** | "아빠, 우리 여기서 쉬어도 돼요?" "어서, 아들아. 산 정상에서 우리는 아름다운 해돋이를 볼 수 있어."

4. **Hurry** | 서둘러! 시간이 충분하지 않아. 우린 영화에 늦을 거야.

5. **beach** | 아이들은 해변에 있어요. 그들은 물속에서 놀아요. 모래성도 만들고요.

6. **dictionary** | "이 단어가 무슨 뜻이야?" 케이트는 물었어요. "확실하지 않아. 우리 사전에서 한번 찾아보자." 마이크는 말했어요.

7. **question** | 저 질문이 있어요. 이 꽃 이름이 무엇이에요? 그건 정말 아름다워요.

8. **bat** | 우리 학교 끝나고 야구 하자. 난 야구공이랑 글러브는 있어. 너 방망이 있어?

9. **condition** | 우리 아빠 차는 좋은 상태가 아니에요. 직장으로 운전해 갈 수 없어요. 아빠는 그걸 고쳐야 해요.

10. **vacation** | 다이애나는 올해 여름방학 동안 하와이에 있을 거예요. 그녀는 매우 신이 났어요.

🎈 331~340 words   p.89

Fill in the Blanks

1. **back** | 톰은 기차를 기다리고 있어요. 이런! 그는 기차선로에 너무 가까이 서 있어요. "톰! 기차선로로 뒤로 물러나렴."

2. **difference** | 그 애가 너의 쌍둥이 여동생이야? 난 차이점을 잘 모르겠어. 너희는 똑같이 생겼구나.

3. **quiz** | 메리는 내일 시험이 있어요. 그러나 지금 그녀는 매우 졸려요. 잠들지 마, 메리야!

4. **queen** | 여왕은 백설 공주를 매우 질투했어요. 그녀는 공주를 죽이려고 했어요. 그래서 백설 공주는 성으로부터 도망쳤어요.

5. **fun** | "재미있었니?" 엄마는 물었어요. "네, 좋은 시간을 보냈어요!" 남자아이는 말했어요.

6. **quickly** | 가끔 제이크는 너무 빨리 말해요. 그의 친구는 말해요. "천천히 말해. 난 네 말을 이해 못 하겠어."

7. **asked** | "그는 왜 그렇게 슬퍼 보이니?" 제인은 물었어요. 톰은 대답했어요. "그의 개가 매우 아프대."

8. **quiet** | 케이트와 제니는 수업 시간에 큰 소리로 얘기하고 있어요. "조용히 해." 선생님은 말해요. 선생님은 화난 것 같아요.

9. **while** | "내가 숙제하는 동안 나를 귀찮게 하지 마." 샘의 형은 말했어요. "알겠어. 나 그냥 기다리기만 할게."

10. **borrow** | 이 책은 정말 재미있어 보여. 나 이거 며칠 동안 빌려도 될까?

🎈 341~350 words   p.91

Fill in the Blanks

1. **game** | 네이트는 집에서 게임을 너무 많이 해요. 그는 이제 진짜로 그만해야 해요. 그의 어머니는 곧 화나실 거예요.

2. **bring** | "너 내 책 가지고 왔어?" 주디는 물었어요. "오, 이런! 나 잊어버렸어. 정말 미안해."

3. **Who** | "여자분 누구셔?" 마이크는 물었어요. "그분은 내 선생님이셔. 우리 반 모두에게 매우 친절하셔." 존은 말했어요.

4. **ahead** | 아빠는 운전하고 계셨어요. 갑자기, 아빠 앞에 있는 차가 멈췄어요! 아빠는 브레이크를 밟았지만, 그 차를 박았어요! 쾅!

5. **strong** | 그 남자는 한 손으로 무거운 상자를 들었어요. "우와, 저 남자는 진짜 힘이 세다." 남자아이는 말했어요.

6. **bother** | "나를 귀찮게 하지 마. 난 혼자 있고 싶어." 제인은 말했어요. 그러고 나서 그녀는 자기 방에 갔어요. 문을 잠갔어요.

7. **tail** | 우리 개는 빠르게 꼬리를 흔들고 있어요. 우리 아빠께서 방금 집에 오셨어요. 우리 개는 우리 아빠를 봐서 행복해해요.

8. **wheel, wheel** | 자전거는 바퀴가 두 개 있어요. 자동차는 바퀴가 네 개 있고요. 트럭은 어떨까요?

9. **When** | "메리의 생일이 언제야?" 팀은 말했어요. "내일이야. 난 내일 그녀에게 카드를 줄 거야." 케이트는 그에게 말했어요.

10. **suddenly** | 버스가 갑자기 멈췄어요. "모두 괜찮으신가요?" 기사 아저씨는 물었어요.

Fill in the Blanks

1. **tonight** | "오늘 밤에 보름달이 뜰 거에요." 선생님은 말했어요. "오늘 저녁 식사 후에 창밖을 보세요."

2. **board** | 마이크는 게임판을 바닥 위에 놓고 있어요. "우리 이 게임 하자. 이건 진짜 재미있어. 이리와!"

3. **win** | 우리 팀은 오늘 축구 경기가 있어. 우린 이 경기에서 이기고 트로피를 받을 거야.

4. **road** | 도로 위에서 놀지 마. 차들이 빠르게 지나가고 있어. 그건 매우 위험해.

5. **weekend** | 너는 이번 주말에 계획 있어? 나는 이번 일요일 영화 티켓이 2장이 있어. 너 올래?

6. **boat** | 너는 그 섬에 보트로만 갈 수 있어. 여기와 그 섬 사이에는 길이 없어.

7. **umbrella** | "우산 챙겨서 가야 돼." 엄마는 말씀하셨어요. "지금은 화창해. 하지만 오후에 비가 올 거야."

8. **student** | "너희 반에는 몇 명의 학생이 있어?" 제인은 물었어요. "우리 반에는 24명의 학생이 있어." 톰은 말했어요.

9. **use** | 톰은 숙제하기 위해선 컴퓨터를 사용해야 해요. 하지만 그의 동생 제이크는 게임을 그만하려고 하지 않아요.

10. **advice** | 우리 부모님은 언제나 저에게 좋은 조언을 해주세요. 저는 그것을 듣고 따라요.

Fill in the Blanks

1. **forward** | 팀, 앞으로 나와 봐. 여기 너의 상이랑 상품이야. 노래 대회에서 아주 훌륭했어.

2. **far** | 제이크의 형은 제이크를 부르고 있어요. 하지만 그는 너무 멀리 있어요. 그는 들리지 않아요.

3. **sugar** | 너무 많은 사탕을 먹지 마세요. 그것들은 설탕이 들어있어요. 그것들은 치아에 나빠요.

4. **biting** | "너 또 손톱을 물고 있구나. 그건

좋은 습관이 아니야." 웬디의 엄마는 말했어요.

5. **calendar** | "왜 4월 8일이 달력에 표시되어있어?" 남자아이는 물었어요. "잭 삼촌 생일이거든."

6. **dollar** | "이 아이스크림은 얼마예요?" 남자아이는 물었어요. 그 남자는 대답했어요. "그건 4달러란다."

7. **build** | 우리 아버지의 꿈은 시골에 집을 짓는 것이래요. 아버지는 그곳에서 살면서 채소를 기르고 싶어 하세요.

8. **car** | 톰의 아버지는 버스를 타고 출근하고 있어요. 그의 차가 고장이 났거든요. 그는 그것을 수리해야 해요.

9. **bill** | 지난여름, 전기 고지서가 너무 많이 나왔어요. 우린 에어컨을 많이 사용했어요.

10. **garden** | 이 공원에는 큰 정원이 있어요. 당신은 그곳에서 많은 아름다운 나무들과 꽃들을 볼 수 있어요.

Fill in the Blanks

1. **learning** | 톰의 여동생은 피아노를 배우고 있어요. 그녀는 매일 집에서 연습해요. 그녀는 잘하고 싶어 해요.

2. **humor** | 우리 오빠는 유머 감각이 좋아요. 오빠 항상 재미있는 이야기를 해줘요.

3. **bike** | 제인은 그녀의 자전거에 문제가 있어요. 그녀는 학교에 타고 갈 수 없게 됐어요. 그래서 오늘은 걸어가야 해요.

4. **horse** | 짐의 삼촌은 농장을 가지고 있어요. 닭, 돼지, 그리고 말과 같은 농장 동물이 있어요. 짐은 그곳을 정말 좋아해요.

5. **corner, corner** | 이 길을 따라 쭉 가다가 다음 모퉁이에서 오른쪽으로 꺾어요. 모퉁이에서 서점 하나가 보일 거예요.

6. **airport** | 하와이 가는 비행기는 내일 다섯 시에 떠날 거야. 너는 세 시 전에 공항에 있어야 해.

7. **doctor** | 제인은 미래에 의사가 되고 싶어요. 그녀는 아픈 아이들을 도와주고 싶거든요.

8. **call** | 루시는 친구들에게 전화하는 걸 좋아해요. 그들은 통화로 모든 걸 얘기해요.

9. **able** | 그는 작년에 다리가 부러졌어요. 지금은 걸을 수 있어요. 이제 우리와 같이 축구를 할 수 있어요.

10. **for** | 저는 우리 엄마를 위해 생일 카드를 만들었어요. 전 카드에 '사랑해요.'라고 적었어요.

🎈 381~390 words   p.101

✏ Fill in the Blanks

1. **memory** | 케이트는 자신의 여행에 대한 좋은 기억을 가지고 있어요. 그녀는 가족들과 재미있게 놀았어요.

2. **lives** | 내 친구 주디는 부산에 살아요. 그래서 서울에서 KTX로 3시간이 걸려요.

3. **nature** | 마이크는 매달 캠핑하러 가요. 그는 자연을 즐겨요. 별들과 신선한 공기가 있거든요.

4. **line** | 기차가 오고 있어. 너는 노란색 선 뒤에 서 있어야 해. 너무 가까이 가지 마.

5. **picture** | "엄마, 우리 반 사진 좀 보세요." 여자아이는 말했어요. 엄마가 말했어요. "오, 너는 여기에 있구나!"

6. **gesture** | 수업 시간에 너는 이렇게 손을 들지. 네가 말하고 싶을 때, 넌 이 몸짓을 사용하는 거야.

7. **loves** | 제이크는 아빠와 낚시하러 가는 걸 정말 좋아해요. 그들은 항상 함께 좋은 시간을 보내요.

8. **temperature** | 팀은 몸이 좋지 않아요. 의사 선생님은 팀의 온도를 확인해요. 열은 거의 39도예요.

9. **inside** | 곧 비가 올 거야. 정말 어둡고 구름이 많이 꼈어. 우리 집 안으로 들어가자.

10. **adventure** | 어느 날, 벤은 친구들과 함께 모험을 떠나요. 그들은 숨겨진 보물을 찾고 있어요!

🎈 391~400 words   p.103

✏ Fill in the Blanks

1. **else** | 너는 다른 사람한테 물어봐야 돼. 난 답을 몰라.

2. **climb** | 제이크는 산에 오르는 걸 좋아해요. 그는 산 정상의 신선한 공기를 정말 좋아해요.

3. **clean** | 제이슨, 먼저 네 방을 청소해. 그때까지 넌 나가서 놀 수 없어.

4. **A.M. 또는 a.m.** | 우리 아빠는 항상 오전 8시에 출근을 하세요. 아빠는 8시 15분에 버스를 타세요.

5. **bomb** | 전쟁 동안 비행기들은 하늘에서 폭탄들을 떨어뜨렸어요. 그것들은 많은 사람들을 죽였어요.

6. **bag** | "넌 이 책을 내일 반납해야 해." 웬디의 엄마는 말했어요. "감사해요. 하마터면 잊을 뻔했어요!" 웬디는 그것을 자기 가방 안에 넣었어요.

7. **clock** | 벽에 걸린 시계는 두 시에서 멈췄어요. 내 손목시계는 세 시를 가리키고 있어요.

8. **club** | 제 친구는 책들을 읽고 그것들에 대해 이야기하는 걸 아주 좋아해요. 그는 책 동아리에 가입했어요.

9. **behind** | 팀은 너무 키가 커. 나는 그 애 뒤에 앉고 싶지 않아. 난 아무것도 볼 수가 없어.

10. **boy** | 3반에는 25명의 학생들이 있어요. 그 중 15명은 남자아이예요.

🎈 401~410 words   p.107

✏ Fill in the Blanks

1. **o'clock, o'clock** | 제인은 말했어요. "나 수영 수업이 세 시에 끝나. 네 시는 어때?"

2. **walks** | 톰은 매일 아침 학교에 걸어가요. 그곳은 그의 집에서 멀지 않아요.

3. **milk, milk** | 소들은 우유를 공급해 주지요. 그것은 뼈에 좋아요. 우유를 마셔요. 그러면 튼튼해질 거예요.

4. **animal** | 맷은 동물들은 정말 좋아해요. 그가 컸을 때 그는 동물원에서 일하고 싶어해요.

5. **library** | 저는 자주 도서관에 가요. 재미있는 책들이 정말 많이 있어요! 전 읽는 걸 정말 좋아해요.

6. **left** | 내 오른쪽 팔을 다쳤어. 나는 내 왼쪽 손으로 글을 써야 해. 그건 너무 어려워!

7. **half, half** | 2는 4의 반이야. 그럼 10의 반은 무엇일까? 그건 5야!

8. **making** | "엄마, 맛있는 냄새가 나요. 그건 뭐예요?" 주디가 물었어요. "널 위해 바나나 아이스크림을 만들고 있단다." 그녀의 엄마가 말했어요.

9. **everything** | 제이크는 자기 접시에 있던 모든 걸 다 먹었어요. 이제 접시에는 아무것도 없고 그는 매우 배불러요.

10. **from** | 난 여기서 멀리 살아. 나는 집으로 버스를 타고 가야 하거든.

🎈 411~420 words p.109

✏️ Fill in the Blanks

1. **lucky** | 우리 오빠는 그 영화의 마지막 자리를 얻었어. 아주 운이 좋았지.

2. **listen** | 넌 너희 선생님 말씀을 들어야 해. 선생님께서 내일 소풍에 관해 설명하실 거야.

3. **toy** | 우리 남동생은 생일 선물로 자동차 장난감을 받았어. 하지만 그 애는 기뻐하지 않았어. 이미 같은 자동차 장난감이 있거든.

4. **menu** | "점심으로 무엇을 먹을까?" 사라는 물었어요. "난 점심 메뉴에서 고르고 싶어. 여기에 내가 가장 좋아하는 음식이 있어!" 톰은 말했어요.

5. **table** | 마이크의 가족은 부엌 테이블에 둘러앉았어요. 그들은 저녁 식사를 즐겼어요.

6. **castle** | 공주는 왕과 왕비와 함께 성에 살았어요. 그곳은 매우 컸어요. 그녀는 가끔 길을 잃곤 했지요.

7. **man** | 가게 안에 저 남자 좀 봐! 그는 빨간색 셔츠와 빨간색 바지를 입고 있어.

8. **trip** | 한스는 중국으로 여행을 갔어요. 그는 흥미로운 장소들을 많이 방문했어요. 그는 좋은 시간을 보냈어요.

9. **start** | 그 경기는 방과 후에 시작할 거예요. 아이들은 정말 궁금해하고 있어요. 이번에는 누가 이길까요?

10. **story** | "너 그 책 마음에 들었어?" 메리는 물었어요. "난 좋았어. 그 이야기는 재미있어."

🎈 421~430 words p.111

✏️ Fill in the Blanks

1. **brushes** | 사라는 긴 머리를 가지고 있어요. 그래서 그녀는 머리를 빗을 때 도움이 필요해요. "엄마, 저 이것 좀 도와주실래요?"

2. **few** | 많은 가게들이 휴일에 문을 닫아요. 단지 몇몇 상점들만 문을 열어요.

3. **view** | 산 정상에 있을 때, 너는 멋진 경치를 즐길 수 있어. 넌 도시를 볼 수 있어.

4. **girl** | 그 어린 여자아이는 노래하는 걸 정말 좋아해. 그녀는 아름다운 목소리를 가지고 있어.

5. **mirror** | 케이트는 거울을 들여다보는 걸 좋아해요. 그녀는 항상 멋져 보이고 싶어 해요.

6. **decide** | 아이스크림 가게에는 정말 다양한 맛이 있어요. 톰은 결정할 수가 없어요. "나는 다 좋아한단 말이야."

7. **news** | 오늘 큰 소식이 있었어! 존이 다음 주에 다른 도시로 이사한대! 아무도 그걸 몰랐어.

8. **near** | 우리 집은 여기 근처에 있어. 우리 집에서 게임하고 갈래?

9. **new** | 내 컴퓨터는 너무 느려. 난 새것을 갖고 싶어.

10. **free** | "너 이번 토요일에 바빠?" 케이트는 물었어요. "아니, 난 그날 한가해. 왜?" 톰은 말했어요.

🎈 431~440 words p.113

✏️ Fill in the Blanks

1. **human, human** | 우와, 저 로봇은 매우 진짜 같아 보여! 그건 정말 인간 같아 보여. 하지만 진짜 인간이 아니야.

2. **haircut** | 마이크는 이발이 필요해요. 그의 머리는 너무나 길어요. 이제 그건 그의 눈을 가렸어요.

3. **gun** | 그 액션 영화는 너무나 무서워요. 영화 속에서 많은 사람들이 총을 사용했거든요.

4. **pushed** | 그 축구 경기 동안 마이크는 톰을 밀었어요. 톰은 땅에 넘어졌어요. 마이크는 기분이 좋지 않았어요.

5. **mind** | 아, 기다려! 나 마음이 바뀌었어. 나는 주스 대신에 초콜릿 우유를 마실래.

6. **gift** | 리사는 그녀의 친구에게 선물을 받았어요. 어제가 리사의 생일이었거든요. 그녀는 너무나 행복했어요.

7. **pulled** | 내 아기 여동생은 내 귀를 잡아당겼어요. 그건 아팠어요. 하지만 그녀는 그냥 저랑 놀고 싶었을 뿐이에요.

8. **hobby** | 우리 아버지는 사진 찍는 걸 좋아하세요. 그건 아버지의 취미예요. 아버지가 한가하실 때는 오래된 카메라를 가지고 외출하세요.

9. **full** | 그 쇼핑몰은 이번 주에 크리스마스 세일을 하고 있어요. 많은 사람이 오네요. 그 몰은 이제 사람들로 가득 찼어요.

10. **anything** | 수학은 저에게 너무 어려워요. 저는 수업 시간에 아무것도 이해하지 못하겠어요.

🎈 441~450 words   p.115

🖊 Fill in the Blanks

1. **English** | 제인은 영어와 한국어, 두 가지 언어로 말해요. 그녀의 어머니는 한국 출신이거든요.

2. **year** | 저는 지금 4학년이에요. 내년에는 전 5학년이 될 거고요. 전 정말 빨리 크고 싶어요.

3. **wear** | 메리는 겨울에 목도리와 함께 코트를 입는 걸 좋아해요. 그건 그녀를 따뜻하게 해줘요.

4. **Football** | 축구(football)나 축구(soccer)? 그건 같은 운동이야. 선수들은 달리고 공을 건네주고 발로 차.

5. **fix** | "엄마, 컴퓨터가 또 작동하지 않아요." 톰은 말했어요. 톰의 어머니는 말했어요. "걱정하지 마. 너희 아버지가 그걸 고칠 수 있을 거야."

6. **earth** | 우리는 지구에서 살아요. 그러나 어떤 사람들은 외계인을 믿어요. 당신은 어떤가요? 외계인을 믿나요?

7. **museum** | 이 박물관은 옛날 그림들이 많이 있어. 너는 여기에서 미술 역사에 대해 많은 것을 배울 수 있어.

8. **heart** | 리사는 따뜻한 마음을 가지고 있어요. 그녀는 어려움에 처한 사람들을 돕는 걸 좋아해요. 많은 사람들이 그녀를 좋아해요.

9. **message** | 팀의 전화에 문자가 세 개나 있어요. 그것들은 다 그의 엄마한테 온 거예요. 무슨 문제라도 있는 걸까요?

10. **outside** | 이런. 밖에 비가 오고 있어. 난 우산을 안 가져왔어. 아마 난 엄마에게 전화해봐야겠어.

🎈 451~460 words   p.119

🖊 Fill in the Blanks

1. **people** | 이 장소는 매우 유명해요. 많은 사람들은 매일 여기를 방문해요.

2. **shy** | 전 새로운 사람들 주변에서 수줍어해요. 하지만 제 친구들과 가족이랑 함께 있을 땐 얘기를 많이 해요.

3. **teaches** | 우리 이모는 학교에서 역사를 가르치세요. 가끔 이모는 역사에 대한 좋은 이야기들을 해주세요. 전 그것들을 듣는 걸 정말 좋아해요.

4. **rich** | 제이슨은 부자가 되고 싶어 해요. 그의 돈으로 그는 가난한 사람들을 돕고 싶어 해요.

5. **special** | 짐은 오늘 금메달을 땄어요. 그의 가족은 그를 매우 자랑스러워해요. 그에겐 특별한 날이에요.

6. **water** | 케이트는 매우 목말라요. 그녀는 온종일 뛰었거든요. 지금 그녀는 물을 좀 찾고 있어요. 그녀의 병은 어디에 있을까요?

7. **school** | 마이크, 일어나. 벌써 여덟 시야. 너는 학교에 지각할 거야!

8. **headache** | 엄마, 저 몸이 안 좋아요. 제 머리가 아파요. 저 두통이 있어요.

9. **Under, under** | 우리 고양이 올리버는 어디에 있을까요? 테이블 아래에? 서랍 안에? 아, 올리버는 내 침대 아래에서 자고 있네요.

10. **watch** | 톰은 TV를 보는 걸 좋아하지 않아요. 그는 대신에 나가서 운동하는 걸 좋아해요.

🎈 461~470 words p.121

✏️ Fill in the Blanks

1. **design** | 전 그 새 차가 정말 좋아요. 전 그 차의 디자인이랑 색깔이 마음에 들어요.

2. **strange** | 주디는 부엌에서 이상한 소리를 들었어요. 그 소리가 무엇이었을까요? 그녀는 조금 겁을 먹었어요.

3. **smiled** | 그 전학생은 매우 긴장했어요. 하지만 선생님은 그에게 미소를 지었어요. 그는 기분이 나아졌어요.

4. **magic** | 그 마술쇼는 매우 재미있었어요. 많은 새들은 마술사의 작은 모자 밖으로 나왔어요.

5. **sign** | "그 표지판에는 '들어오지 마시오.' 라고 쓰여 있어." 팀은 말했어요. "우리는 안에 갈 수 없어. 우리 다시 돌아가자." 웬디는 말했어요.

6. **thing** | 지금 네 방을 청소해. 네 물건들이 바닥 위랑 네 침대 위 여기저기에 널려 있잖아.

7. **read** | "너 이 책 읽었어?" 에릭은 물었어요. "읽었어. 그건 아주 재미있어. 너도 그걸 좋아할 거야." 제이크는 대답했어요.

8. **sad** | 사라는 너무 슬퍼요. 그녀는 자기 개를 잃어버렸거든요. 그녀는 모든 곳을 살펴보았어요. 하지만 그녀는 개를 찾을 수가 없었어요.

9. **Yes** | "존은 파티에 오고 있어?" 톰은 물었어요. "응, 오고 있어. 그는 곧 여기에 올 거야." 메리가 말했어요.

10. **together** | 짐과 마이크는 모든 것을 함께 해요. 그들은 서로 먹기도 하고 놀기도 해요.

🎈 471~480 words p.123

✏️ Fill in the Blanks

1. **someone** | 현관에 어떤 사람이 있어. 넌 아직 문을 열면 안 돼. 먼저 확인을 해야 해.

2. **become** | 제인은 노래하고 춤추는 걸 좋아해요. 그녀는 가수가 되고 싶어 해요.

3. **sick** | 우리 할아버지께서 편찮으세요. 감기에 걸리셨거든요. 저는 학교가 끝나고 할아

버지를 모시고 병원에 가야 해요.

4. **snack** | 아이들은 세 시에 간식을 먹을 수 있어요. 이제 겨우 두 시예요. 그들은 기다려야 해요.

5. **dress** | "메리, 너 그 원피스 입으니까 정말 귀여워." 하지만 메리는 기쁘지 않았어요. 그녀는 바지를 입고 싶어 했거든요.

6. **drives, drives** | 우리 아빠는 좋은 운전자세요. 아빠는 항상 안전하게 운전하시거든요. 빨간 불에서 멈추시고 절대 빨리 운전하지 않으세요.

7. **shoe** | 마이크는 외출할 준비가 됐어요. 그는 현관에서 그의 신발을 신고 있어요.

8. **crazy** | 저쪽에 있는 남자는 미치지 않았어. 그는 단지 우리와 다를 뿐이야.

9. **pretty** | "이건 우리 가족사진이야." 제니는 말했어요. "이 애가 너의 여동생이야? 그 애 너무 예쁘다." 리사가 말했어요.

10. **to** | 난 어머니와 함께 빵집에 갔어. 우린 아빠를 위한 케이크를 샀어.

🎈 481~490 words p.125

✏️ Fill in the Blanks

1. **surprise** | 우리는 제이크를 놀라게 하고 싶어요. 그래서 우린 저 문 뒤에 숨을 거예요. 그가 안에 들어오면, 우린 말할 거예요. "생일 축하해!"

2. **returned** | 톰의 아빠는 중국에서 방금 집에 돌아왔어요. 그는 일 때문에 중국에 머물렀어요.

3. **church** | 제이크의 가족은 일요일마다 교회를 가요. 그들은 하나님을 믿거든요.

4. **often** | 케이트는 자주 할머니를 방문해요. 그녀는 할머니와 시간 보내는 걸 정말 좋아해요.

5. **cap** | 날씨는 정말 덥고 화창할 거야. 넌 모자를 써야 해. 아니면 넌 햇볕에 심하게 탈 거야.

6. **address** | 너는 여기에다 주소를 적어야 한단다. 그럼 우리가 맞는 장소로 편지를 보내줄 수 있어.

7. **music** | 음악 소리가 너무 커. 소리를 낮춰줄래? 내가 TV를 볼 수 없잖아.

8. **curtain** | 아침 아홉 시예요. 그러나 제인은 커튼을 치고 있어요. 그녀는 좀 더 자고 싶거든요.

9. **on** | 케이트는 지금 너무 목말라요. 그녀는 테이블 위에 그녀의 물병을 찾아요. 그러나 그건 비어 있어요. 그녀는 그것을 채워야 해요.

10. **no** | 전 오늘 숙제가 없어요. 그래서 제 친구들과 저는 방과 후에 놀 거예요.

491~500 words
p.127

Fill in the Blanks

1. **certain** | "3이 정답이야?" 톰은 물었어요. "응, 난 확신해. 선생님이 나한테 말씀하셨어." 케이트는 말했어요.

2. **minute** | 24시간은 하루예요. 60분은 한 시간이고요.

3. **pizza** | "넌 어떤 종류 피자를 원하니?" 엄마가 물었어요. "치즈가 많이 있는 거요." 톰은 말했어요.

4. **Captain** | 피터 팬은 위험에 처했어요. 후크 선장이 매우 화가 났거든요. 숨어, 피터 팬! 그가 오고 있어!

5. **choose** | 메리는 초콜릿이랑 사탕 중에서 결정할 수 없어요. 하지만 그녀는 한 개만 선택해야 해요.

6. **mountain** | 저는 산에 오르는 걸 좋아하지 않아요. 산은 저에게 너무 높아요. 저는 높은 곳을 무서워하거든요.

7. **solved** | 마이크는 모든 수학 문제들을 풀었어요. 이제 그는 교실을 나가도 돼요.

8. **piano** | 케이트는 피아니스트가 되고 싶어해요. 매일 그녀는 방과 후에 피아노 레슨을 받아요.

9. **team** | 존과 테드는 같은 팀이 아니에요. 그들은 서로에 맞서 경기를 해야 해요.

10. **space** | 침대에 맞는 충분한 공간이 없어. 난 더 큰 방을 갖고 싶어.

초 등 코 치

천일문
voca&story

◆ ◆ ◆

WORKBOOK
정답

1

Master 001~010 words
p.2

1. tell 2. here 3. friend
4. yesterday 5. sorry
6. next 7. join 8. please
9. big 10. week 11. She told
12. He joined 13. She tells

Master 011~020 words
p.2

1. baseball 2. what 3. last
4. why 5. want 6. another
7. have 8. where 9. again
10. hear 11. He wanted
12. He has 13. He heard
14. He had

Master 021~030 words
p.3

1. birthday 2. find 3. idea
4. home 5. can 6. time
7. will 8. help 9. lie
10. bad 11. He is lying
12. He found
13. He helped

Master 031~040 words
p.3

1. problem
2. homework 3. bathroom
4. too 5. good 6. afternoon
7. only 8. forget 9. tomorrow
10. soon 11. She forgets
12. She is forgetting
13. She forgot

Master 041~050 words
p.4

1. best 2. see 3. plan
4. get 5. match 6. much
7. well 8. today 9. school
10. stop 11. He got
12. It stops 13. She saw
14. It stopped

Master 051~060 words
p.4

1. seat 2. break 3. great
4. fan 5. room 6. at
7. little 8. like 9. look
10. all 11. He liked
12. He breaks 13. He broke
14. He likes

Master 061~070 words
p.5

1. breakfast 2. present
3. dog 4. sport 5. visit
6. answer 7. some 8. person
9. never 10. always
11. He visited 12. He visits

Master 071~080 words
p.5

1. party 2. bug 3. open
4. happy 5. buy 6. of
7. but 8. try 9. any
10. very 11. She tried
12. He bought

Master 081~090 words
p.6

1. say 2. test 3. curious
4. dinner 5. difficult 6. cake
7. calm 8. practice 9. still
10. do 11. She did 12. He said
13. She practiced

Master 091~100 words
p.6

1. hard 2. go 3. luck
4. give 5. future 6. funny
7. just 8. lunch 9. bus
10. true 11. She gave
12. He goes 13. He went
14. She gives

Master 101~110 words
p.7

1. in 2. hungry 3. long
4. morning 5. eat 6. fine
7. angry 8. front 9. wrong

10. and   11. He ate   12. He eats

Master 111~120 words   p.7

1. think   2. mad   3. thirsty
4. math   5. class   6. with
7. lazy   8. many   9. late
10. something
11. She thinks
12. She thought

Master 121~130 words   p.8

1. computer 2. score   3. drop
4. box   5. sure   6. miss
7. one   8. kind   9. favorite
10. not   11. She drops
12. She dropped

Master 131~140 words   p.8

1. bowl   2. crown   3. window
4. flower   5. blow   6. everyone
7. now   8. living room
9. classroom   10. before
11. He blows
12. He blew

Master 141~150 words   p.9

1. god   2. fever   3. angel
4. grow   5. age   6. giant
7. need   8. ready   9. maybe
10. okay   11. It grew
12. He needs
13. It grows

Master 151~160 words   p.9

1. study   2. double   3. aloud
4. bean   5. worry   6. count
7. about   8. really
9. background   10. yet
11. She studied
12. She worries
13. She studies
14. She worried

15. She is studying

Master 161~170 words   p.10

1. ship   2. dish   3. wash
4. short   5. tall   6. nice
7. trouble   8. should   9. finish
10. teacher 11. He finishes
12. He finished
13. He washes
14. He washed

Master 171~180 words   p.10

1. book   2. chair   3. bed
4. bird   5. dirty   6. kitchen
7. talk   8. smart   9. air
10. fair   11. She is talking
12. She talked
13. She talks

Master 181~190 words   p.11

1. desk   2. brain   3. train
4. mail   5. cute   6. afraid
7. wall   8. name   9. fail
10. wait   11. He waits
12. He waited

Master 191~200 words   p.11

1. hurt   2. bank   3. there
4. so   5. thank   6. mistake
7. early   8. busy   9. drink
10. tired   11. He drinks
12. He drank
13. He hurts
14. He hurt

Master 201~210 words   p.12

1. playground   2. office
3. nurse   4. goal   5. pen
6. holiday   7. same   8. may
9. play   10. stay
11. She played
12. She plays

13. She stays
14. She stayed

Master 211~220 words p.12

1. art   2. carrot   3. ball
4. laugh   5. bottle   6. enough
7. dark   8. right   9. fight
10. high   11. They are laughing
12. They laughed
13. They are fighting

Master 221~230 words p.13

1. noise   2. dentist   3. voice
4. coin   5. oil   6. fast
7. easy   8. point   9. add
10. fill   11. He added

Master 231~240 words p.13

1. cookie   2. egg   3. door
4. field   5. movie   6. believe
7. die   8. piece   9. actually
10. come   11. It died
12. She came
13. She believes

Master 241~250 words p.14

1. key   2. kick   3. knock
4. knife   5. kid   6. during
7. every   8. after   9. know
10. all right 또는 alright
11. He knows
12. He kicked

Master 251~260 words p.14

1. hat   2. basket   3. ghost
4. candy   5. hold   6. act
7. hour   8. adult   9. honest
10. heavy   11. He held
12. She acted

Master 261~270 words p.15

1. exit   2. baby   3. across
4. exercise   5. fact   6. exam
7. famous   8. exciting   9. alone
10. explain   11. He exercises

Master 271~280 words p.15

1. letter   2. sea   3. battery
4. sleep   5. battle   6. matter
7. cotton   8. understand
9. around   10. better
11. She understood
12. He slept

Master 281~290 words p.16

1. house   2. dolphin   3. elephant
4. telephone   5. hate
6. delicious   7. lesson
8. arrive   9. floor   10. different
11. He arrived
12. He hated

Master 291~300 words p.16

1. meat   2. map   3. bell
4. restroom   5. lot
6. advise   7. market   8. poem
9. remember   10. loud
11. He advised
12. He remembers

Master 301~310 words p.17

1. between   2. eraser   3. food
4. beef   5. meet   6. deep
7. war   8. safe   9. feel
10. date   11. He met   12. He felt

Master 311~320 words p.17

1. accident   2. ugly   3. vegetable
4. soccer   5. young   6. wish
7. begin   8. accent   9. without
10. word   11. He wishes

12. He begins

Master 321~330 words p.18

1. dictionary 2. top 3. bat
4. beach 5. dream 6. condition
7. vacation 8. nation 9. question
10. hurry 11. She hurried
12. She hurries

Master 331~340 words p.18

1. quiz 2. ask 3. fun
4. quiet 5. borrow 6. back
7. difference 8. while
9. queen 10. quickly
11. He borrowed
12. She asked

Master 341~350 words p.19

1. wheel 2. who 3. tail
4. strong 5. suddenly 6. bring
7. when 8. ahead 9. bother
10. game 11. He bothers
12. He brings

Master 351~360 words p.19

1. umbrella 2. road 3. win
4. boat 5. advice 6. use
7. tonight 8. board 9. weekend
10. student 11. He won
12. He used

Master 361~370 words p.20

1. calendar 2. dollar 3. car
4. sugar 5. forward 6. bite
7. garden 8. bill 9. build
10. far 11. She bit
12. She is biting

Master 371~380 words p.20

1. call 2. horse 3. bike
4. airport 5. humor 6. doctor

7. able 8. learn 9. corner
10. for 11. She is learning
12. She learns

Master 381~390 words p.21

1. temperature
2. picture 3. nature 4. love
5. live 6. gesture 7. inside
8. line 9. adventure
10. memory 11. She lives
12. He loves

Master 391~400 words p.21

1. bomb 2. bag 3. clean
4. clock 5. boy 6. club
7. else 8. A.M. 또는 a.m.
9. climb 10. behind
11. He climbs
12. He cleans

Master 401~410 words p.22

1. half 2. animal 3. milk
4. library 5. make 6. walk
7. o'clock 8. everything
9. left 10. from
11. He walks
12. She is making

Master 411~420 words p.22

1. toy 2. table 3. castle
4. trip 5. start 6. story
7. menu 8. listen 9. man
10. lucky 11. He starts
12. She listens

Master 421~430 words p.23

1. news 2. decide 3. mirror
4. view 5. free 6. near
7. brush 8. few 9. girl
10. new 11. She brushes
12. He decides

Master 431~440 words p.23

1. gun
2. pull
3. gift
4. full
5. anything
6. push
7. hobby
8. haircut
9. human
10. mind
11. She pulled
12. He pushed

Master 441~450 words p.24

1. fix
2. earth
3. heart
4. football
5. museum
6. outside
7. wear
8. English
9. message
10. year
11. He wears
12. He fixes

Master 451~460 words p.24

1. water
2. rich
3. headache
4. school
5. watch
6. people
7. shy
8. under
9. teach
10. special
11. She teaches
12. He watches

Master 461~470 words p.25

1. smile
2. sign
3. read
4. magic
5. sad
6. yes
7. thing
8. strange
9. design
10. together
11. She smiled
12. She smiles

Master 471~480 words p.25

1. snack
2. dress
3. shoe
4. sick
5. drive
6. become
7. pretty
8. to
9. someone
10. crazy
11. He drives
12. She became

Master 481~490 words p.26

1. cap
2. church
3. curtain
4. music
5. often
6. no
7. surprise
8. on
9. address
10. return
11. He returned
12. She surprises

Master 491~500 words p.26

1. piano
2. pizza
3. captain
4. mountain
5. solve
6. certain
7. choose
8. team
9. space
10. minute
11. She chose
12. He solved

memo ✍

memo ✍

memo ✎